政府系ファンドの投資戦略と投資家動向

—シンガポールにおける事例研究—

中村　みゆき

税務経理協会

はしがき

1940～60年代に植民地から脱した多くのアジア諸国は「緩やかな」共同体的社会構造を持っており，モノカルチャー経済とも称された。それは，近年に至るまで，いわば資本主義社会システムの周辺にあると見られていた。まだ当時のアジア経済を研究する多くの手法は欧米社会からの視点が分析の中心であった。ところが，1980年代に入ると，アジア諸国の経済は輸入代替型から輸出志向型工業化を指向して次々とテイクオフを実現し，後進国から中進国へと躍進していく現象がみられた。特にＮＩＥｓ諸国のなかでもアジアＮＩＥｓ（韓国，台湾，香港，そしてシンガポール）は「フォー・ドラゴンズ（four dragons）」と呼ばれ，アジアの奇跡とも目されて過熱現象もみられるほどであった。当時は雁行型経済発展，かつては後進国であったドイツなどの圧縮型発展のアジア版との分析も出現し，ちょうど，社会制度や経済構造の変化の過渡期にあった。

E. フォーゲルが著した「ジャパン・アズ・ナンバーワン」の日本をモデルにルックイースト政策を標榜して工業化を実現させたアジアは，世界から注目を浴びるようになり，にわかにアジア経済学も活気づいてきた。そんななかで，アジア側の視点に立った経済発展の要因をなんとか試みたいと思ったのが，アジア経済を研究する原点となった。もともとは華僑資本の国であるが，教育制度をリンクさせた人材育成や賃金政策などをうまく活用し，交通ハブ化・金融拠点化を志向するなど，シンガポールの成長戦略のあり方は小国が発展を遂げる１つのインプリケーションを示しており，興味深い。敢えて独立前後の経済が連続性をもたない経済戦略を持ち，短期間で発展したシンガポール経済に興味を引かれ，その本質に迫りたいとの思いから研究の対象国として設定した。

当時は，多くのアジア諸国や発展の初期段階にある国々のように，シンガポールも公企業が圧倒的に支配的な企業構成であり，幼稚産業の育成などを担うトップダウンの工業化の推進者の役割を果たしていた。民間企業は資本力において太刀打ちできない，いわば民業圧迫の状況である。そんなシンガポール民間企業の分析は資料が収集できない状況が続き，仮説を検証しようにもできない状況が長らく続いた。そんな時，シンガポール政府は公企業の株式売却（divestment）という民営化を急速に押し進めていた。その公企業が本書の中心となるテマセク持株会社である。それまでの産業育成のために公企業を傘下においた同社の変化を見極めようと思い，はじめの問題意識は民間企業であったが，次第に政府がコントロールする公企業に興味の視点が移っていった。財務論の研究室で学んだ自分にとって，「株式売却による民営化」に興味がわき，株式を中心にした分析を行うことにした。シンガポール政府は民営化を推進しているが，果たして支配権までも手放すのか，実際は政府のコントロールは続くであろうということがシンガポール経済を知る周辺の大方の見解であった。実際にそうであろうかと素朴に疑問がわき，民営化をした株式の分析を丹念に行っていった。その結果，特別株式や黄金株式をもつ企業が複数存在しており，それはシンガポールエアライン，シンガポールテレコムやセムコープインダストリーズなどのシンガポール経済を支える基幹産業であった。この事実はテマセク社が国家運営の重要な役割を果たすことを意味している。

もともとテマセク社は育成した企業や買収した企業など数百社を傘下に収め管轄してきた文字どおりの「持株会社」であるが，ある時点からインベストメント会社としての特徴を押し出すようになる。その性質こそが，現在世界から政府系ファンドといわれるようになった所以である。より戦略的に国家を運営していくとのシンガポール政府の意思が見られる戦略である。2000年代に入ると，ダナバラン会長はコーポレート・ガバナンスへの意識改革や機関投資家として行動するとの言葉に現れているように，明らかに幼稚産業を育成していた時代とは一線を画したテマセク社の役割を展望してのことと思われる。この方向性を見極めるためには投資戦略の視点からの分析を行う必要があったが，幸運にも政府系ファンドのなかでは比較的早くから情報開示をしていたテマセク社の投資動向を追うことができた。さらに，その後にＧＩＣ（政府投資会社）が情報開示を行っていることから併せて分析を行っている。

現在，アジアは新しい段階に突入した。中国は外貨準備を世界一に累積し，シンガポールも人口が少ないとはいえ，１人当たりＧＤＰで日本を抜いている。世界の経済は，アジア経済を追っていたこの数十年の間に大きく変化し，アメリカをアブソーバーとして成り立っていた国際経済は，現在ではグローバル・インバランスを背景にして中東やアジア諸国に資金がより大量に環流している。その資金運用を行う投資主体が政府系ファンドであり，本書のテーマとなっている。

最後に本書の公刊にあたって，これまで御指導・御教示を賜った多くの先生方に御礼を申し上げたい。大学院において，理論を学ぶ大切さ，資料を丹念に読み込む重要性について身を以て御指導して頂いた恩師九州大学経済学部教授（現 九州情報大学教授）の丑山優先生には心より御礼を申し上げたい。併せて大学院時代の諸先輩方，常に時間を惜しまず議論をして頂いた勤務校経営学部の同僚の諸先生方にも感謝申し上げたい。また，学会や研究会での報告に対して頂いた有益なコメントや企業訪問先でのご助言が，本研究を進める上で大きな刺激となった。この場を借りて御礼申し上げたい。さらには，私事ではあるが，長年変わらずに研究を支援し続けてくれた両親にも感謝を捧げる。最後に研究を形にするように励まして頂いた税務経理協会の峯村英治氏に感謝の意を著したい。本研究は，公益財団法人石井記念証券研究振興財団の助成により行われた成果の一部である。ここに記して謝意を表する。

2013年１月

中村 みゆき

目　　次

第Ⅱ部　シンガポール政府系金融機関の形成と発展―政府系ファンドへの変容

政府系ファンドの
投資戦略と投資家動向

序　章

問題意識と構成

1　本書の問題の所在

近年の国際金融市場は大きな変貌を遂げてきている。従来，金融市場での主要な投資家は年金基金，保険会社や投資信託などの機関投資家であったが，それに加えて，ヘッジファンド[1]やプライベートエクイティファンド（以下ＰＥファンド）などの金融仲介媒体が成長を遂げるようになった。さらに，序－図表１にみられるような湾岸協力会議（Gulf Cooperation Council；ＧＣＣ）諸国の資源関連収入やアジア諸国の中央銀行などによる外貨準備を運用する新たな投資主体が急速に伸長している[2]。近年，これらの投資家は政府系ファンド（Sovereign Wealth Funds；ＳＷＦｓ）と呼ばれ，その投資資金の動向が世界経済に与える影響は大きく，グローバル・インバランス（世界経済の不均衡）を生み出す要因ともなっている。

こうした現象の背景には，金融市場の急激な変化がある。つまり証券化など新規の金融商品・技術・スキームの開発やそれによる投資手法や戦略の多様化が図られてきていること，またそれとも関連して商品先物市場が拡大した結果，資源関連の先物価格が高騰していることなどが指摘できる。特に近年顕著になっている資源価格，なかでも原油価格の上昇に関しては，原油の生産量減少の懸念や新興国の需要増大などの需給問題があげられる。しかし，より重要な現象として，ヘッジファンドなど投機筋による先物取引が原油価格を先導して

序－図表１　国際金融市場における新興の投資主体

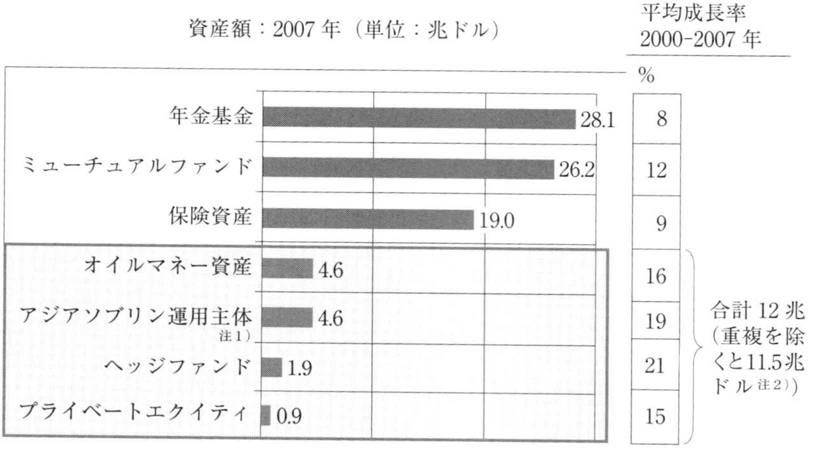

（出所）Diana Farrel et al, "The New Power Brokers: Gaining Clout in Turbulent Markets", McKinsey&Company 2008, p.6より作成。
注１）アジアの中央銀行と政府系ファンドを含む。
注２）オイルマネーとアジアソブリン投資家のＰＥ，ヘッジファンド投資は除外。

いることがある[3]。これはヘッジファンドが主流の投資手法としているリスクを軽減するデリバティブや証券化などの先端の金融技術が原油価格の上昇に拍車をかけるようになっているためである。またこのような金融技術は，投資銀行[4]や投資子会社であるＳＩＶ（Structured Investment Vehicle）などが新たな投資手法の１つとして採用したことから，より普及することとなった。しかしながら，こうした証券化などの金融商品が発展した背景こそがサブプライムローンなどの金融問題を必然的に生み出すようになり，そのなかで新たな投資家として重要な役割を担うようになったのが政府系ファンドである。つまり，原油価格の上昇が原油産出国に巨額の余剰資産を生み出し，またアジアの輸出国が巨額の外貨準備を累積したことがファンド形成の契機となっていった。また，これらの資金が先進国に流れて世界的過剰流動性を招き，グローバル・インバランスが生じる一要因ともなってきているのである。このように，近年，政府系ファンドはグローバル金融との関係から引き合いに出されることが多くなっている。

また，金融市場の視点からみると，このような現象は市場の流動性を高めるようになったと評価される一方で，信用リスクやシステミック・リスクなども生み出す可能性が指摘される。サブプライムローン危機ではこれらリスクの問題などが金融危機を拡大したことは共通の認識となっている。このサブプライム金融危機とは，2007年後半，アメリカにおけるサブプライム（信用度が低い貸出層）住宅ローンに起因した金融問題が表面化し国際金融市場にインパクトを与えた一連の問題である。欧米諸国の大手金融機関が資産担保証券（Asseted Backed Securities；ＡＢＳ）の一種である住宅ローン担保証券（Residential Mortgage-Backed Securities；ＲＭＢＳ）等から構成された債務担保証券（Collateralized Debt Obligation；ＣＤＯ）と呼ばれる金融商品に多額の投資を行うようになった。しかしながらアメリカの地価の下落傾向が続いたことからＣＤＯを組成した１つであったサブプライム住宅ローンの債務者の返済延滞が顕著となった。この状況を受けて国際格付け機関は同証券を組入れた金融商品格付けの引き下げを実施し，巨額の損失懸念が信用収縮をもたらし世界的な金融不安へとつながったというものである[5)]。このような金融商品は性質上リスク分散が図られるように設定されており，最終的な損失が見えにくくなっていることからも信用リスクは世界的規模で波及することとなった。このリスク分散の過程において，証券化を図るＣＤＯ証券化事業において自己勘定取引など大きな役割を果たしていたのが欧米諸国の金融機関であった。この危機時に同証券化で損失を被った一連の金融機関に多額の資本注入をして，損失補填を行ったのが政府系ファンドといわれる資源関連収益や外貨準備の運用ファンドである。つまり，近年の金融市場の変化がサブプライムを生み出したが，そのなかで主要な投資家となってきたのがこの政府系ファンドであったのである。

本書で考察される政府系ファンドとは政府の原資を何らかの資産で運用するために政府自身が所有するファンドのことである。その生成は，古くは1950年代にＧＣＣ諸国における原油等の資源収益を原資として形成されてきたが，1970年代以降に世界経済構造の変化や原油価格の高騰を背景にして資源国において相次いで誕生してきた。その後1990年代に入り，金融市場が発展するなかで，年金資金や外貨準備を大幅に蓄積するようになった国々が現出し，それぞれの社会的・経済的要因をもって設立されるようになってきた。つまり政府系ファンドの原資は，外部調達した資金ではなく，政府の余剰金が中心となっている。しかし，この資金の性質は情報が非公開となる傾向を強めるといわれ，また運用においても長期的視野での収益を目指すものとなる。そのため資金運用のファンドとはいえ，他の投資ファンドとは異なる特徴をもつ。この政府系ファンドにおいては金融機関や国際機関を中心に研究されてきているが，未だ学際的に研究が進んでいるとは言えず，確立した定義付けもなされていない。また定着した呼称もないが，近年では政府系ファンドやＳＷＦｓと一般に称される場合が多い[6)]。以下に政府系ファンドをめぐる諸問題点についてみていこう。

まず金融市場における政府系ファンドの位置づけである。近年設立国が増加しているに関わらず主要なファンド形態の１つとして認識されてこなかった政府系ファンドであるが，世界的に注目されるようになったのは，先述した2007年後半に表面化したサブプライムローン金融危機時である。政府系ファンドが巨額損失を被った欧米諸国の大手金融機関の資本供与に応じたためである。このように新たな投資主体として認識されるようになったのは，金融市場において主要金融機関に対して投資を増やしていることが背景にあった。

特に近年の欧米諸国の金融資産がリパトリエーション（本国回帰）現象等により縮小するようになっている一方で，この政府系ファンドの対外的投資の増大は資金フローの変化の一因となっており，金融市場における存在感が次第に増すようになってきている。また，そのような投資動向は市場の下落圧力時に主要な買い手となることで金融市場の安定化の役割を果たすものとして評価されるが[7)]，一方でリスク性資産への積極的投資による市場へのインパクトが大きく，それは政府系ファンド自身の消極的な情報開示の傾向と相まって問題視される。特に，市場のリスクテイカーであったヘッジファンドの投資が減速するなかで，投資額が急増していることから市場の流動性を生み出す新たな投資主体となり得る。しかし，近年のヘッジファンドや投資銀行の金融規制が議論される傾向があるなかで，政府系ファンドの情報開示も投資家保護のためにも重要なルールとなってきているが，未だ積極的に情報開示に踏み切るファンドは少ない。

また次に，市場において企業の投資が増大すれば，当然，議決権行使と企業支配の問題が生じる。近年，政府系ファンドによる投資手法が多様化して，ＰＥなどのバイアウト・ファンドやベンチャーキャピタル・ファンドを通した間接的投資も増加している状況がみられる。また積極的な企業買収（M＆A）を行う傾向もあり，他国企業の株式取得をする例が顕著になってきている。それは企業支配の問題として国際的議論の俎上に上るようになっている8)。政府が所有・運営するファンドを通じて他国の企業を所有することは，ある政府が他国の民間企業の株主となることを意味している。政府系ファンドが政府の意図を有した投資を行う場合は，経済的・政治的側面から様々な問題を引き起こしかねないことが危惧されるのである。このような現状に対して実際の投資の受入れ国では特定産業において外資規制によって防衛を行う場合が多く，投資に関する情報公開を行わずに大量株式を取得する政府系ファンドの投資は市場では評価されない場合が多い。そのことから，政府系ファンドの投資動向は議論の対象となり，先進国において懸念が生じてきているために早急な枠組み作りが要請されるようになっている。またサブプライム金融危機以来，世界的に投資ファンド規制論が議論されるようになっているが，これは政府系ファンドにも間接的に影響するようになっているのである。

このように投資において大量に特定企業の株式取得を指向するようになってきた政府系ファンドであるが，かつては年金基金など伝統的な機関投資家においても，同様の事象がみられた。1960年代半ばにアメリカにおいて，公的年金基金や保険会社に代表される機関投資家は証券市場において株式取得を増して主要な投資家となり，結果的に企業の支配権をもった所有者としての株主行動（アクティビズム）を取るようになった。これは株式会社制度の在り方を再考する機会をもたらし，「会社は誰のものか」という議論から「会社は誰によって効率的に監視（モニタリング）されるのか」，「経営者を規律付けするのは誰か」というガバナンス問題へと発展してきた。これは機関投資家が証券市場において，従来のウォール・ストリート・ルールから積極的に経営に関与するようになった一連の事象，つまり企業の株式取得を行い，また株主提案などの積極的株主行動をとる株主へと変貌したコーポレート・ガバナンスに関与する過程で説明される。

このような機関投資家と同様に政府系ファンドも市場において企業の株式取得を大量に行い，企業買収なども積極的に行うようになってきているが，当の政府ファンドは経営の関与には関心をもたない場合が多い[9)]。少なくとも，現時点で「もの申す株主」や「アクティビズム」としての株主行動はほとんどみられない。しかし，実際には，その投資動向をめぐって投資受入れ国を中心に問題となるケースが多い。これは政府系ファンドをもつ政府とそれによって買収される側の政府間での問題，つまり経済問題を超えた政治的問題に発展する場合があるためである。いわゆるウォール・ストリート・ルールに基づく「退出（exit）」から「発言（voice）」へと変化を遂げた機関投資家は，企業経営に深く関与する株主へと変化していった。その株主行動のなかでも，特に発言型のリレーションシップや株主提案は，投資ファンドとしてはアクティビストファンドの手法と類似している。一方，政府系ファンドが企業支配を行うかという問題に関しては，次章でみるように，アメリカにおいて国益に関わる企業買収の場合に問題視されているが，現時点で株主提案などの積極的関与はあまりみられていない[10)]。そのことからも，従来の機関投資家に比較すると，政府系ファンドはリスク-リターンの相関関係に基づいた収益中心の投資戦略をもち，高収益の実現を図ることが目的となっているといえよう。両者の投資家としての線引きは難しいが，長期的視野での投資は同じであるものの，企業支配やアクティビズムとしての行動をとるという点で企業との関わり方は現時点では異なっている。

また年金基金は，代表的な機関投資家でもあるが，政府系ファンドに分類される場合もある[11)]。それらは一般には将来支払いに備えるためにリスク制限があることから株式や債権など伝統的資産で運用する投資家であるとされ（これは株主行動を取る要因ともなる），一方の政府系ファンドの場合は金融市場においてよりリスク性資産配分を高めるなどより投資戦略を積極化した運用を行うことが特徴となっている。一般に，年金基金を政府系ファンドに含めるか否かは議論が分かれており，投資戦略と投資資産との関わりから，議論される問題点である。また外貨準備の運用に関しても同様である。さらには，公的資金による株式取得の問題として，その是非の議論は以前から存在する。今後，政府系ファンドが株式取得に応じて経営に積極的に関与する，もしくはもの申す株主として議決権を行使する状況が現れるようになると，新たな機関投資家の1つとして議論されることになるであろう。この点は，今後の政府系ファンドの行動の推移を見ながら，深化されるべき検討事項である。

2　本書の課題と方法

この政府系ファンドに関しては学際的研究の蓄積が少ないことから投資主体としての実態が詳細に把握できていない。現状では政府系ファンド総体としての研究はなされてきつつあるものの，個別事例としての研究はいまだ手薄な状況である。それはファンド自身の情報の非公開性に起因していることも多く，逆説的にいえば国家の意図を反映した投資を行うことや資産を保護するために情報を非公開にすることは投資戦略上ファンドにとっては必要性があるともいえる。実際に政府系ファンドの投資動向は，近年，その質と量において急速な変化を遂げ，投資戦略を多様化・先鋭化してきている。それは米国債券偏重の資産配分から多様化した資産に拡大していること，また企業買収を積極的に志向するなどの投資家としての性質と方向性をもっていることに窺える。

シンガポールの政府系ファンドにおいても，他国の政府系ファンドと同様に投資戦略を積極化させており，他国の不動産投資や企業買収に乗り出している。近年，その投資の情報開示に努めているものの，部分的情報開示に留まり，その投資動向をめぐって議論の対象になる場合もある。特に，公的機関による株式取得は，先述したように政府の政治的意図が反映されている場合，また株主権を行使する場合などにおいて問題を生じるケースが多い。実際に，シンガポールでは，タイとインドネシアの企業の株式取得が政治的問題に波及するまでにいたった事案を経験している。このことから理解できるように，政府系ファンドの投資は何らかの政府の政治・経済的政策の意図が包含されているとみられる場合が多いといえよう。

以上を踏まえて，本書の課題はシンガポールの政府系ファンドを事例にして投資戦略の実態を明らかにすることである。その分析において，まず政府系ファンドがシンガポール経済発展にいかなる役割を果たしているのかを解明する。それはシンガポールの国家戦略のなかでの経済政策との関係性から考察される。また次に，そのファンドとしての投資動向や株主としての性質を分析するが，それは金融市場の発展との関わりからのなかからみていくこととする。これは金融市場の制度的発展を目指す同国の産業政策のなかでは，主要な分析のファクターとなるためである。さらには投資戦略と政府との関わりとして，投資受入れ国政府の対応を見ていくことも課題とする。それは国際的金融市場において重要な投資家と認識されるにつれ，市場規制・監督する側の政府が投資家として行動することの本質を明らかにすることが必要であろうと思われるからである。

本書の考察の対象とするシンガポールの政府系ファンドと認識されるものとして，テマセク社（Temasek Pte. Co.）とシンガポール政府投資公社（Government of Singapore Investment Corporation Pte Ltd.，以下ＧＩＣ）の２社が存在している。これらは，設立以来，長期間にわたり比較的高い収益を実現してきており，また従来の持株会社としての機能や外貨準備運用機関としてのあり方が，2000年頃を境にして急速に変化を遂げている。しかしながら，それは近年までは情報が非公開であったため個別事例の研究蓄積は乏しく，その発展のプロセスや変質の意味が明らかにはされていない。政府系ファンドの場合は，投資戦略や投資動向のなかに必ず政府の意図があるものであり，そのために本書では，政府によるアナウンスメントなどファンドから開示された各種の資料に基づき，その発展した要因を跡づけていく。そのなかから投資戦略や投資動向の実態に関する考察を行うものである。また，この政府系ファンドは政府が運用する投資ファンドであるともいえ，特に本書では，これらが金融市場のなかでどのような投資行動をとっているかを見ていくことが重要と考える。そのため，金融市場における投資戦略の視点から金融市場の発展とこれらファンドとの関わりを明らかにすることを中心として分析している。具体的には証券や資産等の配分など投資戦略の変化，および他国企業のM＆Aやそれによる摩擦の対応を明らかにし，最終的に政府系ファンドの投資の特質が今後の経済にどのように影響するかを本書の展望としたい。

3　本書の構成

ここで本書の構成を紹介していく。シンガポールの経済政策のなかで政府系金融機関が形成され，またその役割を考察することは，同国の経済発展の解明において重要な要素となる。そこで第Ⅰ部では，政府系ファンドの現状を中心に見ていく。本研究で考察対象である政府系ファンドとは投資ファンドの1つとして考えられる。近年，それは金融市場における投資家の1つとして重要な位置を占めるようになったことから，投資ファンドとしての意義や役割と金融市場との関わりを検討する。そのため，まず第1章において，先行研究としてIMFレポートやモルガンスタンレー調査レポートに依拠して，新しい投資主体として世界的に喚起される問題点を跡づける。また政府系ファンドの多様な定義づけを整理することで，固有のファンドとしての性質や投資動向の特質を明らかにする。通常，ファンドの資金源は投資家の拠出金であるが，政府系ファンドの場合は，資源関連収益や外貨準備といった政府自身の資金である。この資金の性質は国家の所有する資金ゆえに情報の非公開性を生み出し，また長期的視点の相対的収益を目指すことが可能となったという点が検討される。

また第2章では，シンガポールの金融市場と政府系ファンドの関わりを明確にしていくために，金融・証券（資本）市場の形成・発展の過程を史的に考察する。シンガポールでは，独立直後の国民経済の形成過程において金融分門が主要な産業の位置を占めるようになった。しかし，アジア通貨危機以後にマイナス成長に陥ったことを契機にして戦略的に金融部門の構造転換を図るようになった経緯を考察する。特に1990年代後半を境にして成長戦略の１つとしてファンド・マネージメント拠点への強化策を掲げた戦略がとられたことから，公的金融機関がその発展のためのキー・プレイヤーとなっていった経緯が明らかにされる。

以上を踏まえて，本書の第Ⅱ部では，シンガポールで政府系ファンドとして分類される２社，既述したテマセク持株会社とＧＩＣを事例に取り上げ，シンガポールの発展戦略の過程において，公的金融機関が次第に投資ファンドとしての色彩を帯びて変容を遂げていった過程を投資戦略の視点から明らかにする。

特に同国経済の発展において公的金融機関の役割が大きくなっていった要因を明らかにするために，公的金融機関の形成過程とともに公企業の形成・成長の過程を史的経緯からみていく。シンガポールでは独立後，脆弱な地場の民間資本と主導的役割の外資と公企業という偏った企業構成を形成するに至った。これは外資を梃子とした工業化とともに，華人資本に代表される零細な地場資本を代替する公企業を設立することで民間部門を補完するようになったためである。このことが後にシンガポール経済において公企業が重要な位置づけがなされる要因ともなったが，特に肥大化した公企業群を整理管轄したのが国家持株会社として誕生したテマセク社であった。

そこで第３章では，テマセク社の形成に至る萌芽プロセスと次第に一大コングロマリットとも呼ぶべき企業の様相を呈した経緯をみる。同社は，経済発展をみる上で極めて重要な公的金融機関であり，ここでは同社の生成・萌芽過程から，発展期に至るまでのプロセスをみていく。特に1990年代に入ると傘下企業が成熟をみて同国経済を支える企業体となったことから，同社はリストラクチャリングの一環としてそれら企業の株式放出（divestment）による民営化（privatization）を実施するようになった。2000年代に入ると，傘下企業の効率化を一層強化する施策として，企業買収などに積極的に関わっていく。この過程を経て，同社は投資ファンドとしての性格を次第に強めていくこととなった。つまり，公的金融機関が国家資産の運用という重要な役割を果たすなかで，金融市場において強い関わりを次第にもつようになったのである。政府系ファンドの前身ともいうべき公的金融機関の変容がここにみられる。

以上，テマセク社の生成・発展の経過とともに同社がシンガポール経済において果たした役割をみたが，第４章ではテマセク社が公企業の持株会社から，より戦略的に企業投資を行うファンドとしていかに変容を遂げたのかをみていく。まず同社の経済における位置づけと役割を明らかにして，政府系ファンドとしての実態を解明するために投資戦略の視点から考察する。ここでは，テマセク社がファンドとしての機能を強化し，同国の国家戦略上の金融部門強化という産業政策において，一定の役割を果たすようになってきたことが考察にされる。

つぎに第５章では，経常黒字とともに増大する外貨を運用する目的で設立された公的金融機関のＧＩＣを取り上げ，その誕生から発展の経過を投資戦略の視点から考察する。ＧＩＣは，早くからインハウス型の投資家を育成し，オルタナティブな資産配分により高収益を目指す戦略を採った。その背景には，同国の金融市場を世界のファンド運用拠点とすべく発展させるための政府政策があった。国民資産を効率的に運用する投資ファンドの成長は，結果的に金融市場の発展を促した。政府系ファンドの創設は，金融業の発展というシンガポール経済戦略との整合性をもったものであったという点が明らかにされる。

第Ⅲ部では，政府系ファンドの国際金融市場における投資家としての意義を探求する。政府系ファンドが投資を多様化させ，伝統的資産運用からヘッジファンドや不動産投資などリスク資産投資や企業買収にいたる事例が頻発するようになった。そこで第６章では，近年，金融市場において分散効果が効かなくなったことからオルタナティブへと運用手法を変化させている政府系ファンドの投資動向について明らかにしていく。当初，外貨準備などを運用する中央銀行などは債券投資を中心に行っていたが，やがて政府系ファンドを形成し，より戦略的に投資資産を多様化させたポートフォリオ運用を図っていく現象がみられるようになった。ここでは，実際のアセットアロケーション（ＳＡＡ）の分析を通じて投資動向の方向性を明らかにする。

次の第７章では，政府系ファンドの投資戦略の１つとして企業買収を行う案件が増加してきたこと，またそれをめぐる諸問題点について考察する。実際に政府系ファンドが他国の直接投資や企業買収を行った場合，投資受入れ国との間に軋轢を生むことも多い。ここではテマセク社がタイとインドネシアにおいて引き起こした買収行動とその意味を，企業支配の観点から考察していく。また合わせてこれらファンドの投資受入れ国である欧米諸国の規制やルールが今後に確立すると予想され，これらについても触れている。

本書の最後に，今後，日本が外貨準備や年金の公的資産を運用するために政府系ファンドを設立するか，もしくは既に政府系ファンドが日本投資を加速させている現状において，いかに投資を受け入れていくのか，総括と展望として政府系ファンドの今後の課題と日本へのインプリケーションを提示している。

本書の内容は，筆者がこれまでに発表してきた以下の諸論文に加筆・修正を施したものである。

1 「シンガポールの経済開発における外資と政府の役割―人材開発戦略の考察から―」『西日本工業大学紀要―人文・社会科学編』西日本工業大学，第17巻，2001年

2 「企業改革２―台湾・韓国・シンガポール―」『現代企業の財務戦略』丑山優・小松章編著，ミネルヴァ書房，2002年

3 「シンガポールの政府持株会社テマセク社の株式売却に関する考察　―民営化政策による公的支配への影響―」『アジア研究』アジア政経学会，第50巻４号，2004年10月

4 「シンガポールのコーポレートガバナンス」『アジアのコーポレート・ガバナンス』学文社，2005年

5 「第２次リー・シェンロン内閣始動へ」『アジア動向年報』アジア経済研究所，2007年

6　「次世代に向けて—リー政権の新戦略—」『アジア動向年報』アジア経済研究所，2008年

7　「政府系ファンド（ＳＷＦｓ）における投資動向分析　—ストラテジック・アセット・アロケーションの考察から—」『創価経営論集』第34巻２・３合併号，2010年３月

8　政府系ファンド（ＳＷＦｓ）における投資戦略—シンガポール・テマセク持株会社の事例を中心に—」『創価経営論集』第35巻１・２・３合併号，2011年３月

9　「政府系ファンドＧＩＣにおける投資動向の変容過程—金融制度の関連からの考察—」『創価経営論集』第36巻１・２・３合併号，2012年２月

(注)

1）ヘッジファンドは私募の運用媒体であり，情報開示義務が免れている。近年の世界的低金利のなかで伝統的資産では運用利回りが上がらないことから，レバレッジによる絶対収益を目指すために，機関投資家などがヘッジファンドを通した運用比重を高めている。そのために2000年頃より資産規模が増大してきたが，2007年の金融危機により多くのファンドが多大な損失を被り，幾つかは倒産するに至っている。特にレバレッジ投資によって実質より資産規模が数倍～数十倍に膨張するといわれている。他方で固有の取引戦略や金融商品の開発により資本市場に流動性を高め，リスク拡散につながったと評価される。

2）マッキンゼー社調査では，2000年から2006年間の年間成長率の統計から，その資産を増大させる新興のパワーブローカーとして，⑴オイル・マネー資産，⑵アジアのソブリン運用主体，⑶ヘッジファンド，⑷プライベート・エクイティを指摘している。Diana Farrel et al. “The New Power Brokers：Gaining Clout in Turbulent Markets”, Mckinsey Global Institute, 2008, p.6. Charles Roxburgh et al, “The New Power Brokers：How Oil, Asia, Hedge funds, and private equity are faring in the financial crisis,”, Mckinsey Global Institute, 2009, p.9.

3）原油先物はニューヨークマーカンタイル取引所（ＮＹＭＥＸ）で取引されている。原油の年間平均価格（ウエスト・テキサス・インターミディエート；ＷＴＩ）は，2002年の時点で26.116ＵＳドル／バレルであったものが，2000年代半ばより高騰して，2008年には99.587ＵＳドル／バレルと高騰した。2012年６月時点では101.28／バレルとなっている。

4）特に欧州系投資銀行は世界的低金利を背景にして，ＢＩＳ規制にも関わらず数十倍

の高レバレッジとデリバティブ運用を図っていた。

5）なかでもアメリカの代表的金融機関リーマンブラザーズがアメリカ連邦破産法を適用されて以降，他の金融機関に対しても信用不安が一層拡大したことから，リーマンショックとも呼ばれている。

6）「政府系ファンド」は定義が議論されている途上にあり，その呼称もソブリンファンドや国富ファンドなどあり統一されていない。政府系ファンドの呼称の由来は，アメリカ運用会社ＳＳｇＡ（Official Institutions Group of State Street Global Advisors）社のアンドリュー・ロザノフ（Andrew Rozanov）が最初使ったとされる。本書では政府系ファンドで統一する。

7）ＩＭＦの筆頭副専務理事 J. リプスキーによれば，政府系ファンドの規模と投資戦略ゆえに懸念が生じていると指摘しながらも，「国際金融市場の観点から，政府系ファンドは余剰金から得た収益の他国への効率的な配分を促し，市場の流動性を高めることができる……」とし，「また政府系ファンドは資金を引き出すニーズが少ない長期投資家となる傾向が強く，危機時において市場の圧力に耐え，ボラティリティーを抑制することができる」と述べている。IMF, “IMF Intensifies Work on Sovereign Wealth Funds”, *IMF Survey Magazine*, 4 March 2008, p.2. また資金の供給は「衝撃を吸収する役割」を果たしたと評価し，それは政府系ファンドの長期的スタンス，流動性ニーズの低さ，また主としてレバレッジをかけていないポジションを要因として挙げている。IMF, “SWF Principles Will Help Cross-Border Investment- Lipsky”, *IMF Survey Magazine*, 3 September 2008.

8）政府系ファンドの買収に対して被買収国側からの抵抗にあう場合が多い。例えば，2008年，２月米中経済安全保障検討委員会（U.S.-China Economist and Society Review Commission）は，安全保障に対する政府系ファンドの投資におけるインプリケーションのための公聴会（Hearing on the Implication of Sovereign Wealth Fund Investment for National Security）を開催し，中国の投資のあり方を巡って審議している。（http://www.uscc.gov/hearings/2008hearings/hr08_02_07.php）[2011/11/30]

9）政府系ファンドは投資企業に対してアクティビズムを行うより，関心を持たないことによる問題も指摘されている。

10）株主提案などを制度的に行っている政府系ファンドで唯一知られているのはノルウェー政府年金基金グローバル（Government Pension Fund-Global）である。

11）年金基金を政府系ファンドに含めるか否かの議論がある。この点は次章の定義を参照。

第Ⅰ部

政府系ファンドと
シンガポール金融市場の発展

第1章

政府系ファンドとは何か

1　政府系ファンドに関する調査・研究と問題提起

政府系ファンドの金融・資本市場における影響が論じられるようになったのは，2007年に表面化したサブプライム危機時のことである。この金融危機に際して，政府系ファンドが損失を被った欧米諸国の金融機関への資本供給を行ったことによって生じた企業支配が懸念されるようになったためである。実際に2007年後半から2008年の間の投資額は，過去20年間の累積投資額の６割を占めるほどであった[1)]。このことから，政府系ファンドは，国際金融市場において重要な投資家になりつつあるとの認識がなされながらも，従来の年金基金などの機関投資家とは異なる行動様式が注目されるようになってきている。

このように投資が顕著に増大している政府系ファンドの最大の問題点は，情報の非公開性であるといわれている。図表１-１は比較的規模が大きい政府系ファンドの透明性を示している。情報開示レベルにおいて，ノルウェー，アメリカ，カナダなど先進国の政府系ファンドは比較的高くなっているが，多くのファンドは消極的である。近年，政府系ファンドが情報を開示しないままに国際的に投資を増大させていることは，多くの国において懸念が生じ，脅威論につながっている。このような現状に対して，2007年10月，米国ワシントンＤＣで開催されたＧ７（先進７ヵ国財務相・中央銀行総裁会議）では，政府系ファンドについて，国際金融市場において重要な投資家となってきており，その投資資

図表１－１　上位20政府系ファンドの投資の透明性

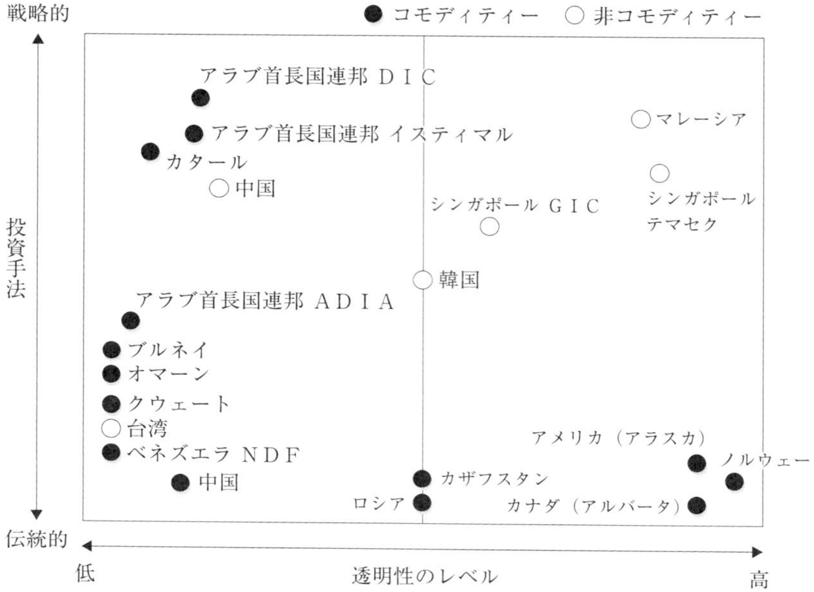

（出所）R-J. Gilson et al. "Sovereign Wealth Funds and Corporate Governance: A Minimalist Response to the New Merchantilism", Rock Center for Corporate Governance, Stanford University, *Working Paper Series No.26*, p.34. 2008.

金フローに対してオープンであることから得られるメリットは大きいとの一定の評価をした上で，投資受入れ国は非差別的で透明性がある予測可能な原理を構築することが重要であると言及した[2)]。この後Ｇ７は国際通貨基金（ＩＭＦ），世界銀行や海外経済協力機構（ＯＥＣＤ）にこれらの問題の評価を依頼した。このようにＧ７で取り上げられたことは，金融市場の新たな投資家としての政府系ファンドの存在や実態に関する問題点を国際的に喚起することとなった。しかし，これに先立ってＩＭＦでは政府系ファンドの研究を行っており，2007年報告書のなかでそれらの動向に関しての見解を示している[3)]。同報告書では，政府系ファンドは市場の流動性や金融資源のアロケーションを高めるが，一方で組織の透明性の欠如や運用目的の多様性がその市場に与える影響への評価を困難にしていると分析した。その上で，目的の規定，ソブリンアセットアロケーションの策定と実行，制度上の調整，説明責任の確立が必要であると指摘している。その後，ＩＭＦは，投資動向やその性質に関する情報開示についての検討に着手して，2008年10月にベスト・プラクティス（最良行動原則，Best Practice）を公表した[4)]。一方，投資受入れ国側における行動原則は，2008年ＯＥＣＤによって策定された[5)]。

また，同じ時期に米国では，金融市場で政府系ファンドのグローバル投資が増大するに伴い，その是非をめぐって議論が活発化するようになった。特に外資による自国企業の株式取得の問題と関連付けながら問題提起と調査がなされるようになった。2007年11月14日，上院・銀行住宅都市委員会（United States Senate Committee on Banking, Housing, and Urban Affairs）は米国においても顕著になったそれらの投資動向に注目して，公聴会を開催した[6)]。この公聴会において財務省国際問題担当のマコーミック（David. H. McCormick）次官は，国外からの投資は国内の経済成長を促進させる一定の役割を果たすが，他方，安全保障の問題などが生じる可能性について言及した。議会を中心に政府系ファンドに関する公聴会が重ねて開催されている米国では，その規制法案を作成する方向にある。 また財務省国際問題担当のローリー（Clay Lowary）次官補はベスト・プラクティスの４つの原則として，⑴政治的もしくは外交政策よりも経済的目的に基づく投資決定の明示，⑵投資政策，リスク管理システム，ガバナンス構造と内部統制に関する透明性を含めた国際レベルのインテグリティ，⑶民間部門との公正な競争，⑷投資国への敬意を挙げている[7)]。

従来，米国では外資による自国企業への投資に懸念をもった場合は，その直接投資に関する投資規制が行われてきた。1988年，対米外国投資委員会（Committee on Foreign Investment in the United States；ＣＦＩＵＳ）は，国家安全保障の観点から，国防生産法「エクソン・フロリオ条項（Exon-Florio statute)」により米国企業を買収する全業種の外資に対して審査を実施することを決定した[8)]。しかし，その後にドバイ首長国（ＵＡＥ）のドバイ・ポート・ワールド（Dubai Port World；ＤＰＷ）によるペニンシュラ・アンド・オリエンタル・ステーム・ナビゲーション（Ｐ＆Ｏ）の買収[9]，中国のモルガン・スタンレーへの投資[10]やユノカル社買収をはじめ，さらには中国ＣＩＣによるブラックストーン・グループやアブダビ首長国（ＵＡＥ）のカーライル・グループ買収といった一連の政府系ファンドのＭ＆Ａ案件が起きている。これらは，安全保障上の問題が懸念される事例もあった。このように米国では政府系ファンドの投資が増大する以前から外資に対する規制強化が図られてきたが，近年，それらをより強化する議論が強まってきている。2007年に「エクソン・フロリオ」条項の修正法案「海外投資・国家安全保障法（Amending Foreign Investment and National Security Act；ＦＩＮＳＡ)」が議会に提出され，同年10月から適用されるようになった。さらに2008年４月，ＣＦＩＵＳは米国企業の買収を実施する外資企業において，10％以上の株式取得を企図する企業を買収審査の対象とするという基準から，10％以下でも審査対象となることを決定し，外資の自国企業への投資においてさらに厳格に規制する基準を設けるようになっている。

米国はこのように政府系ファンドへの規制を強化する傾向にある一方で，2008年３月，米国財務省はアブダビ首長国とシンガポールとの政府系ファンドの間で投資に関わる二国間協定を締結した[11]。これは⑴政府系ファンド側に関する原則と⑵投資受入れ国側に関する原則から構成されている。⑴は政府系ファンドの投資判断は商業的根拠に基づくものであるべきであり，政府政策を目的にすべきではないこと。また⑵では政府系ファンドのいかなるポートフォリオ投資や対外投資において保護主義的障壁をもってはいけないというものである。米国では，政府系ファンドの投資受入れの必要性と投資規制の狭間で両者の見解が存在する。そのため政府系ファンド側の国との個別に対応する形で投資を許容する傾向にある。また投資家として一定の評価をされつつも，国際社会における政府系ファンドへの関心は，主に情報の非公開性に帰着しており，情報開示をいかに制度化していくかが模索されている。

また国際社会においては，2008年１月には開催されたスイスのダボス会議で政府系ファンドが初めての公式のテーマとして取り上げられた。米国前財務長官サマーズ（Lawrence Summers）氏が政府系ファンドの投資に対する政治的懸念を示すなど，その是非が国際的に問われることになった。またクエートやサウジアラビアの政府系ファンドの責任者が参加し，ファンドの正統性や立場について言及した[12)]。以下に，政府系ファンドに関する現状分析・調査をみていく。

(1)　ＧＡＯ調査

このような背景にある米国において，米国議会は政府系ファンドの情報開示に関する現状を米国会計検査院（The U.S. Government Accountability Office；ＧＡＯ）に調査依頼した。それを受けて，2008年10月にＧＡＯは各国政府系ファンドの情報開示の在り方を調査した報告書（Sovereign Wealth Funds Publicly Available Data on Size and Investments for Some Funds Are Limited：ＧＡＯ報告書）を提示した[13)]。米国では海外の投資を受入れることを歓迎しつつも，他方で，それが他国政府の投資である場合，情報の透明性が低く，かつ国家の政治的意図がある投資が行われることで生じる安全保障など潜在的脅威が懸念されてきた。同報告書は，制限されている政府系ファンドの情報開示状況に関する調査を行うことを主要な目的としており，(1)規模や国際的所有についての公表された報告書の入手可能性（有用性），(2)政府系ファンドの米国投資に関する公表された報告書の入手可能性（有用性）の分析を行っている。また政府系ファンドやその投資活動に関する外国政府による情報開示や財務省，商務省や民間調査機関による報告書などの調査も詳細に行っている。さらには国際機関や証券取引委員会（ＳＥＣ）関連資料も併せて分析している。同報告書によれば48ファンドの中で資産規模の情報開示を行っているのは60％，そのなかで４ファンドだけが投資の全容を明らかにしている。また全ファンドの幾つかは国家的に情報開示を禁止している，としている。民間の金融機関や財務省など公的機関などの調査，もしくは証券取引所での投資の情報開示要件からでは，米国への投資総額は明らかにできないと結論付けて，国際的に行われる投資に関わる情報開示への取り組みの実施を提示している[14)]。

(2)　ＳＥＣの問題提起と証券投資の問題

また米国において政府系ファンドの投資は，先述したＣＦＩＵＳの他に証券取引法（Securities Exchange Act 1934）に基づいた米国証券取引委員会（U.S. Securities and Exchange Commission；以下ＳＥＣ）の情報開示ルールによって規制される[15)]。ＳＥＣは金融市場の視点からその投資動向に関する問題点を指摘している。つまり，近年，その投資資産の大部分が金融商品となっていることから，証券取引法上の問題を提起しているのである。ＳＥＣのコックス（Christopher Cox）委員長は，政府が市場を規制する側と規制を受ける側の双方を担うことで，証券取引規制における適切性が損なわれる可能性に触れている[16)]。一般に市場において投資を行う主体は，政府の監督当局による規制を受けることになる。しかし，市場の監督者である政府が投資主体となる場合は監督当局の規制を受けることが可能か問題となるのである。さらに，同氏は(1)監督当局としての監督機能の問題，(2)利益相反行為による腐敗の増加，(3)市場の信頼毀損の問題を指摘している[17)]。このように米国では政府系ファンドにおいても，他の投資家同様に証券取引法の規制を受けるようになっており，投資家保護と金融市場の公正性の保守を主要な任務とするＳＥＣにおいては，同様に違法取引の視点から監督を行っている。

さらにＳＥＣは，議会においても政府が所有者であることによる情報収集能力など特別な権利をもつことによって生じる問題や投資先の政府に協力を要請することによるインサイダー取引問題やさらには市場の監督者である政府が投資を行う場合に，全ての投資家に公正な情報開示を行えずに情報のモラルハザードの問題が生じる懸念などを重ねて表明している。

以上のように情報が開示されないままに投資を増大している政府系ファンドが問われている証券投資を行うことの問題点として，(1)金融市場の問題，(2)安全保障上の問題，(3)グローバル・インバランスの問題が挙げられる[18)]。まず，金融市場の問題とは，市場の変動と投資戦略や動向に関わってくる問題である。エクイティーなどリスク性志向の積極投資を行う場合や投資目的が経済的利益でなく政治的である場合，その情報が開示されずに巨額の資金が特定のアセット・クラスに集中することで市場の価格形成に影響を与え，結果的に大幅な市場のボラティリティを生み出すことなどの問題である。また次に，外国政府が所有者である投資ファンドが国外の特定企業を買収することで企業支配に及ぶ場合，それを通して安全保障上の情報や技術が漏えいするといった問題がある。特に政府が投資する場合に国家の産業政策上など経済的理由からかい離する場合，自国の産業育成に沿った国家戦略の下で投資戦略が取られることや，または政府が務める金融監督機関からの投資規制を免れる場合も生じる。

さらに米国の収支赤字幅の増大とともにアジアなど新興国は黒字幅を拡大させている現象が顕著となっている。これにより新興国は今後外貨準備が累積していくことが予測され，それを政府系ファンドとして運用することで外貨資産がさらに拡大していく。経常収支黒字国である新興国から経常収支赤字国の先進国へ資金の還流が見られるようになり，次第に大きくなっている。これはグローバルインバランス問題といわれている。

(3)　ＩＭＦ，ＢＩＳによる調査

このように政府系ファンドが国際的な投資主体となってきている現状が取り上げられるなかで，マクロ経済や金融の安定化を目指すＩＭＦは，金融セクターサーベランス（政策監視）の一環として，政府系ファンドの金融市場における役割や問題に注目するようになった。ＩＭＦは年次報告書において，国際通貨・金融市場において，政府系ファンドがその運用で富の世代間移転の促進や財政安定化への寄与，さらにはサブプライム時の資本注入にみられるように市場の安定化や流動性を高める役割を果たしたと評価する一方で，政策当局に対し様々な問題をもたらしていることに言及している[19)]。また投資において政治的目的が優先されるような投資戦略があった場合，特定の資産クラスに影響して結果的に市場の変動性が増すなどの懸念を示している。そのためベストプラクティス作りとともに，その資金の流れに関わる投資家と受け手に関する問題分析を行うようになった。ＩＭＦ内の国際通貨金融委員会（International Monetary and Financial Committee：ＩＭＦＣ）は，このようなベストプラクティ

ス策定や政府系ファンドの詳細な問題分析を行ったことを評価している。その後，ソブリン資産管理責任者を含めた会合の招集などが重ねられ，この内容が調査報告書（ワーキングペーパー）として公表されている[20]。これら調査報告書では情報の公開性が低い政府系ファンドの分類や定義づけ，また政府系ファンドと見なされるリストの提示などがなされている。これはファンド自身やその投資動向に関わる一連の実態の調査となっており，政府系ファンドを知る貴重な手かがりとなっている。

また国際決済銀行（Bank of International Settlements；ＢＩＳ）においても，政府系ファンドの投資額の増大に注目し，近年，グローバル・インバランスの拡大や国際金融市場での政府系ファンドの役割や定義等をめぐって問題が提起されるようになっている[21]。ＢＩＳでは政府系ファンドの政策担当者による説明や世界の金融機関の役員による現状分析などが実施されている。ここでは，新興国による急速な外貨や経常黒字の増大によるグローバル・インバランス問題とそれによって拡大する政府系ファンドという認識がされている。

(4)　情報開示とサンチャゴ原則

国際金融市場における政府系ファンドの投資が増大しているにも関わらず情報開示にあたって強制力あるルールが国際的に確立していない状況にある。そこで政府系ファンドの自主ルールの確立が企図されるようになった[22]。2007年５月年次総会コミュニケにおいて，ＩＭＦは政府系ファンドの流動性増大と金融資源配分に一定の役割を果たしたとの認識のもとで，投資家と受入れ国のために重要な問題分析を行うことを表明した[23]。

また2007年10月ワシントンＤＣで開催されたＧ７において，ベストプラクティス策定の検討を行うための共同声明が出された。これを受けて政府系ファンドの分析・調査を行っていたＩＭＦは情報開示の在り方についての検討を進め，26の主要政府系ファンドにより構成された国際作業グループ（International Working Group of Sovereign Wealth Funds；ＩＷＧ）が組織された。原則策定の作業にあたり，ＩＭＦによる政府系ファンドの組織や実務の現状調査の研究成果が使用された。その後2008年11月にＩＭＦは投資目的や投資実態の開示をするするための原則を公表した。これは投資動向，ガバナンスやアカウンタビリティのための規制原則で，「行動規範・慣行に関する一般的原則 Generally Accepted Principles and Practices；ＧＡＰＰ」＝サンチャゴ原則（2008年９月，サンチャゴにて決議）と呼ばれる[24)]。同原則は政府系ファンド自身が策定した自主的（voluntary）ルールである（図表１－２参照）。

本報告書の内容は３つの主要分野に分類でき，24原則から構成される。⑴法的枠組み，目的，マクロ政策との調和（原則１～５），⑵制度的枠組み，ガバナンス構造（６～17原則），⑶投資とリスク・マネージメント（18～24原則）となっている。つまり，同原則は，今後投資を行うことで起こり得る問題点を明らかにしたものといえよう。その投資慣行のための情報開示と透明性をもつための指針となる枠組みである。

同原則を公表したＩＷＧの報告書では，政府系ファンドは長期的投資スタンスをもち金融市場の安定化に一定の役割を果たすこと，結果的にマクロ経済発展にもたらすこと，またレバレッジをかけた投資を行わないためにヘッジ・ファンドとは異なる投資家であることなどが市場から歓迎されているとしている。また政府系ファンドはサブプライム金融危機時に損失を被ったこともあり，近年，投資を分散化させてよりグローバル化する傾向にある現状に際して[25)]，ＩＭＦ筆頭副専務理事のリプリスキー（Jhon Lipsky）氏は，同原則のような自主的な行動規範・慣行の提案は，投資受入れ国のためにも，クロースボーダー投資を可能にする国際的投資環境の構築に役立つとの見解を示している[26)]。しかし，他方で，近年政治的意図があると警戒される企業買収の案件も散見されており，この場合において，最大の問題点である情報開示を同原則によってどのように解決していくかが検討されている現状もある。

図表１－２　IMF-Santiago（ＧＡＰＰ）原則一覧

Prinsiple 1：ＳＷＦに関する法的枠組みは効率的な運営と目標達成を促進するものでなければならない
1.1　ＳＷＦに関する法的枠組みはＳＷＦ自体とＳＷＦの取引の法的安全性を担保するべきである
1.2　ＳＷＦの法的基盤と構造は，ＳＷＦと他国の法的関係と同様に公に情報開示されるべきである
Prinsiple 2：政策目標は明確に規定され，公に情報開示されるべきである
Prinsiple 3：ＳＷＦの活動が投資国のマクロ経済に重要な影響を与える場合，その国の金融当局との協議下で活動を行うべきである
Prinsiple 4：ＳＷＦの資金調達に関する政策，規則，手続きあるいは取り決めは明瞭に情報開示されるべきである
4.1　ＳＷＦの資金源は一般に情報開示されるべきである
4.2　ＳＷＦからの資金の引き出しと政府のためへの支出は一般に公開されるべきである
Prinsiple 5：ＳＷＦに関する統計資料は適宜報告されるべきである
Prinsiple 6：ＳＷＦの企業統治に関する枠組みは健全でなければならない。ＳＷＦの目標達成ための運営の独立性と説明責任の促進のため，役割と責任に対して明確かつ効果的に構築されるべきである。
Prinsiple 7：ＳＷＦの所有者はその目標を設定し，適切な手続きに基づき運用者とコンタクトを取り，運用について監督すべきである
Prinsiple 8：ＳＷＦの資金運用者はその利益最大化のために活動するとともに，明確な義務，適切な権限と運用能力を持ち合わせているべきである
Prinsiple 9：ＳＷＦの運営は独立した戦略と明確に定義された責任に基づいて遂行されるべきである
Prinsiple10：ＳＷＦの運用上の説明責任に関する枠組みは，法令や定款などを考慮し，明確に定義されるべきである
Prinsiple11：ＳＷＦの財務諸表および年次報告書は，国際基準に則って適時報告されなければならない
Prinsiple12：ＳＷＦの運用と財務諸表の年次監査は，国際基準を満たす会計監査機関でなされるべきである
Prinsiple13：専門的で倫理的な基準は明確に規定され，ＳＷＦの関係者はその基準を周知徹底されるべきである
Prinsiple14：第三機関との取引は，経済・財政的状況を判断した上で明確な規則と手続きに基づいて行われるべきである
Prinsiple15：ＳＷＦの運営および活動は当該国の法令に則って行われるべきである
Prinsiple16：ＳＷＦの統治と目的は，ＳＷＦの運用が所有者から独立していることとともに，情報公開されるべきである。
Prinsiple17：ＳＷＦの財務的状況を明確にし，また国際金融市場の安定と投資の信頼性を高めるために，ＳＷＦの財務情報を公開すべきである
Prinsiple18：ＳＷＦの投資政策は目標，リスク許容度，投資戦略が明確に定義され，ポートフォリオマネジメントを基礎とするものであるべきである
18.1　ＳＷＦの投資政策はＳＷＦのリスク許容度，レバレッジ利用の限度を示すものであるべきである
18.2　ＳＷＦの投資政策は内部・外部の投資マネージャーに，それらの活動と権限の範囲，いかに監視されるかを明示すべきである
18.3　ＳＷＦの投資政策は，一般に情報公開されるべきである
Prinsiple19：ＳＷＦの投資における意思決定は，投資政策や経済，財務状況を考慮した上で，リスク調整後リターンの最大化を目指すべきである
19.1　ＳＷＦの投資における意思決定が，経済，財務状況以外に基づく場合は，その投資政策に明示し，情報公開すべきである
19.2　ＳＷＦの資産運用は，一般的に認知されている原則によるものであるべきである
Prinsiple20：ＳＷＦは民間との競争において，国境を越えた政府の特権的情報または不適切な影響を利用し，また利用を試みるべきではない
Prinsiple21：ＳＷＦが株主権の権利を行使する場合，投資の経済的価値を保護することを配慮するとともに，行使について情報公開をすべきである
Prinsiple22：ＳＷＦは手続きと運用に伴うリスクを特定し，評価し，管理するフレームワークを持つべきである
22.1　リスク管理に関する枠組みは，適切なモニタリングを可能にするために，信頼できる情報と適時報告システムを含むべきである
22.2　一般的なＳＷＦのリスクマネジメントに関するフレームワークは公の場に情報公開されるべきである
Prinsiple23：ＳＷＦの資産と投資パフォーマンスは，明確に規定された原則と基準に基づき測定され，報告されるべきである
Prinsiple24：本原則の適用に関する定期的報告のプロセスは，ＳＷＦ自身もしくは代理によって遂行されるべきである

（出所）IWG, "Generally Accepted Principles and Practices (GAPP)-Santiago Principles", 2008より作成。

2　政府系ファンドの分類と定義

政府系ファンドは，ＩＭＦやモルガンスタンレー，スタンダード・チャータード銀行，マッキンゼーなど国際機関，金融機関やコンサルティング会社などによる定義づけはなされているが，学際的には未だ明確な定義は確立しておらず共通の認識があるとはいえない。以下に見ていくように国家や政府など公的機関としての資金運用主体は多様に存在しており，いかなる特質をその範疇に含めるかについての線引きが難しく，その分類を明確に規定することは困難を伴う。以下に，その資金の性質の視点から分類を行い，また定義の整理を試みたい。

(1)　政府系ファンドの分類

政府系ファンドとは政府が所有・運営するファンドであり，それは金融市場において政府の余剰資金を将来に備えて安全かつ有利に運用する公的運用主体である。図表１－３は，2012年７月時点の政府系ファンドと見なされる一覧（資産規模順）であり，2000年以降も多くの国が設立して増加傾向にある。また図表１－４は2007年から2011年の資産額の推移であり，サブプライム金融危機後に一旦減少しているが，再び伸びてきているのが分かる。この政府系ファンドの分類としては，まず資金の性質（原資）によって大別されることが多い（図表１－５，図表１－６参照）。

図表１－３，１－５からも確認できるように，基本的にその原資は原油などのコモディティー（商品）収益と外貨準備や余剰金などの非コモディティー（非商品）収益の２つに分類されている。前者のコモディティー系ファンドとは，石油・ガスなど資源国による資源関連収益を運用する投資主体である。これに属するファンドとして，クウェートが1954年に設立したのをはじめとして，ファンドの中では比較的早い時期に設立されたものが多い。それらはアラブ首長国連邦（ＵＡＥ）諸国など資源国が原油やガスなど資源から生み出される収益（輸出や税収入）を運用することが契機となっている。これらは，2004年頃

図表１－３　政府系ファンドの一覧表（資産額順）

国名	ファンド名	資産額（10億ドル）	設立年	資金源	L-M透明度指数＊
ＵＡＥ－アブダビ	アブダビ　インベストメント　オーソリティ	$627	1976	石油	5
ノルウェー	ガバメント　ペンション　ファンドー　グローバル	$593	1990	石油	10
中国	SAFE インベストメント　カンパニー	$567.9	1997	非商品	4
サウジアラビア	SAMA フォーリン　ホールディングズ	$532.8	n/a	石油	4
中国	チャイナ　インベストメント　コーポレーション	$439.6	2007	非商品	7
クウェート	クウェート　インベストメント　オーソリティ	$296	1953	石油	6
中国－香港	香港　モネタリー　オーソリティ　インベストメント　ポートフォリオ	$293.3	1993	非商品	8
シンガポール	ガバメント　オブ　シンガポール　インベストメント　コーポレーション	$247.5	1981	非商品	6
シンガポール	テマセク　ホールディングズ	$157.5	1974	非商品	10
ロシア	ナショナル　ウェルフェア　ファンド	$149.7	2008	石油	5
中国	ナショナル　ソーシャル　セキュリティ　ファンド	$134.5	2000	非商品	5
カタール	カタール　インベストメント　オーソリティ	$100	2005	石油	5
オーストラリア	オーストラリアン　フューチャー　ファンド	$80	2006	非商品	10
ＵＡＥ－ドバイ	インベストメント　コーポレーション　オブ　ドバイ	$70	2006	石油	4
ＵＡＥ－アブダビ	インターナショナル　ペトロリウム　インベストメント　カンパニー	$65.3	1984	石油	9
リビア	リビアン　インベストメント　オーソリティ	$65	2006	石油	1
カザフスタン	カザフスタン　ナショナル　ファンド	$58.2	2000	石油	8
アルジェリア	リベニュー　レグレーション　ファンド	$56.7	2000	石油	1
ＵＡＥ－アブダビ	ムバダラ　ディベロップメント　カンパニー	$48.2	2002	石油	10
韓国	コリア　インベストメント　コーポレーション	$43	2005	非商品	9
ＵＳ－アラスカ	アラスカ　パーマネント　ファンド	$40.3	1976	石油	10
マレーシア	カザナ　ナショナル	$36.8	1993	非商品	5
アゼルバイジャン	ステイト　オイル　ファンド	$30.2	1999	石油	10
アイルランド	ナショナル　ペンションズ　リザーブ　ファンド	$30	2001	非商品	10
ブルネイ	ブルネイ　インベストメント　コーポレーション	$30	1983	石油	1
フランス	ストラテジック　インベストメント　ファンド	$28	2008	非商品	n/a
ＵＳ－テキサス	テキサス　パーマネント　スクール　ファンド	$24.4	1854	石油，その他	n/a
イラン	オイル　スタビリゼーション　ファンド	$23	1999	石油	1
ニュージーランド	ニュージーランド　スーパーアニュエイション　ファンド	$15.9	2003	非商品	10
カナダ	アルバータズ　ヘリテイジ　ファンド	$15.1	1976	石油	9

（出所）SWF Institute「Fund Rankings」（http://www.swfinstitute.org/funds.php）より作成。
＊ Linaburg-Maduell Transparency Index

図表1－4　政府系ファンドの資産額推移（2007年～2011年）

（単位：10億ドル）

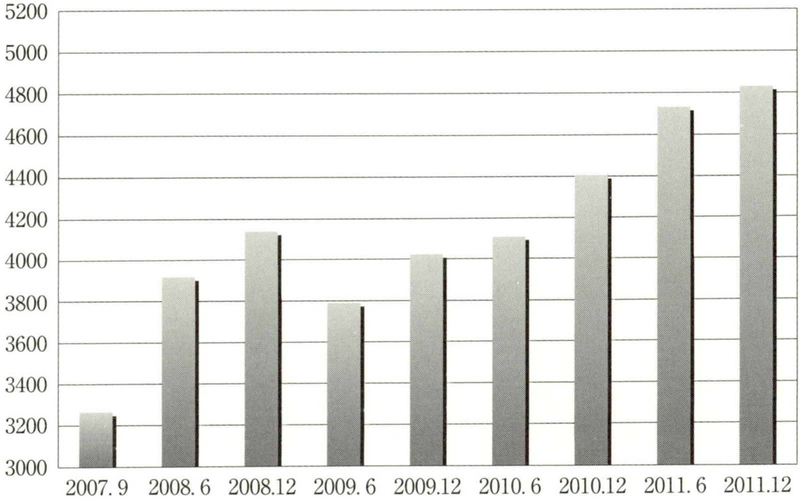

（出所）SWF Institute「Fund Rankings」（http://www.swfinstitute.org/funds.php）より作成。

図表1－5　政府系ファンドの資金源

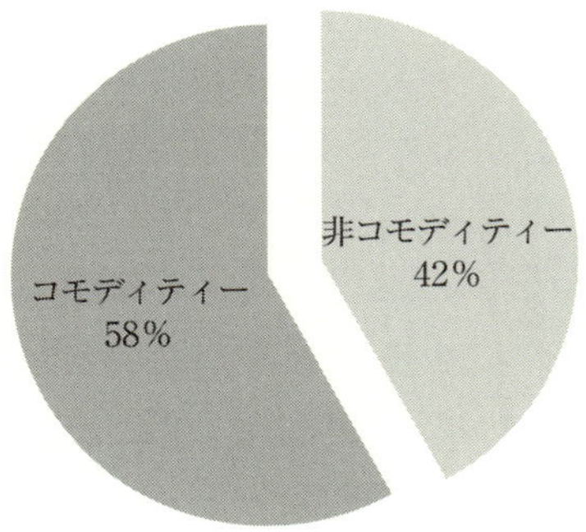

図表1－6　政府系ファンドの設立地域

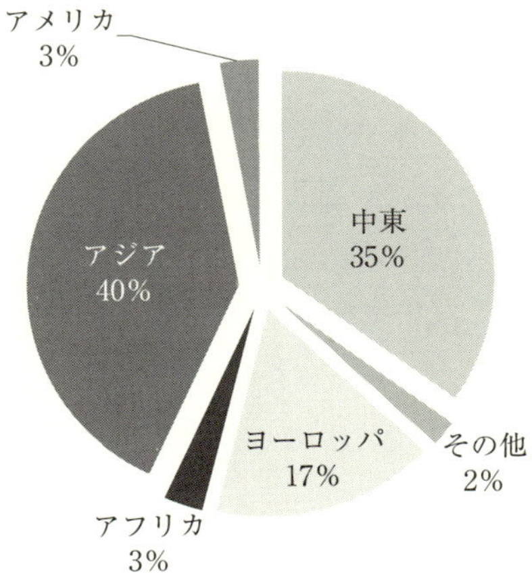

（出所）SWF Institute「Fund Rankings」（http://www.swfinstitute.org/funds.php）より作成。

から高騰を始めた原油価格が資源国家に急速な高収益をもたらしており，また近年新たに資源国となった新興国がファンドを設立するようになってきている。しかし，一方でこれら資源価格の変動は国家の財源を不安定にさせることがあり，また将来資源が枯渇しうる可能性もある。このことから，それらの国々は将来世代に向けて収益の運用のためにファンドを積極的に設立しているといわれる。代表例として，ＵＡＥのＡＤＩＡ（Abu Dhabi Investment Authority），クウェートのＫＩＡ（Kuwait Investment Authority），ノルウェーのＧＰＦ－Global（Government Pension Fund-Global），米国アラスカ州のＡＰＦＣ（Alaska Permanent Fund Corporation）などがある。

また後者の非コモディティー系ファンドとは，輸出志向新興国において一定額以上に累積した外貨準備や政府の偶発的余剰金を将来に備えて運用する投資主体である[27]。特に貿易ギャップ（米国の貿易赤字と新興国の輸出黒字）により生じた外貨準備を豊富にもつ国々が中心となりファンドを設立している[28]。この外貨準備とは為替レートの安定化や外国への輸入代金支払いに充てるために蓄積した外貨資産のことである。近年，この累積額が急速に増大している中国をはじめとした輸出志向型の新興工業国が揃ってファンドを設立してきており，ファンドとしては比較的新しいものが多い。これは経常収支の黒字額が増大し，保有すべき一定額を超える超過部分において，リスク性資産への投資を積極的に展開する例が多い。これに属するファンドの例としては，シンガポールのＧＩＣ（Government Investment Corporation）をはじめとして，中国のＳＡＦＥやＣＩＣ（China Investment Corporation），韓国のＫＩＣ（Korea Investment Corporation）等がある。その他に稀なケースであるが，民営化による政府の余剰金が発生した場合などの偶発的に生じた資金源を運用するファンドがある。1974年に設立され，先駆的存在であるシンガポールのテマセク社は民営化により生じた収益の運用を行っている代表例である。このように政府系ファンドの資金源は，資源系のコモディティー系と外貨準備など政府余剰金などの非コモディティーに二分されるが，このことは，図表１－６にみられるように設立地域において，前者は中東諸国と後者はアジア諸国が比較的に多い要因ともなっている。

(2)　政府系ファンドの定義

以上の設立の経過を持つ政府系ファンドは，政府による対外資産を管理・運用するために設立された投資ファンドを指し[29)]，徹底したリスク管理・ポートフォリオ運用を行うことを特徴としている。この政府系ファンドの財源に関わるファンドとしての共通の特質は，一般の投資ファンドとは異なり，最終提供者が存在しない政府の余剰金や外貨準備などの政府自身の正味資産であることである。また運用主体としての「政府系」が意味するところは，金融庁などの省庁や中央銀行など政府組織自体の場合，年金基金をはじめとする基金（ファンド）である場合や政府が出資する会社形態として設立している場合など多様である。政府系ファンドはこの資金を何らかの目的をもって運用するのであるが，その投資の目的自体は多様で複合的である場合もあり，またその目的に伴って投資戦略も多様となることから（投資の目的に関しては，第６章・投資戦略のなかで詳細にみていく），いかなる要素をもって政府系ファンドとして分類するかは困難となる。また共通して抽出した定義の特徴を必ずしも満たさない場合や時間の経過とともに投資スタンスを変化させている場合もあり[30)]，このことから現時点では政府系ファンドは論者により多様に論じられ，明確に規定されているわけではない。以下にその定義の整理を試みたい。

先述したＧＡＯは，政府系ファンドの投資と実態の情報開示に関する情報分析を行う前提として，それらの投資家としての性質の把握を行っている。それは，(1)政府による設立，もしくは政府出資の投資ビークル，(2)債券を除く外国資産への一部もしくは全投資，(3)政府の余剰資金，貿易収支黒字，中央銀行準備金もしくは，国家資源の売却益からの基金，(4)年金基金以外，という分類である[31)]。特に年金基金に関しては，個人から拠出金を受け，収益支払いがなされる。これらは一般に他のファンドが持たない短期間から長期間にわたる年金支払いの義務の形で特定の負債を持つために政府系ファンドから外している。

モルガンスタンレー社のジェン（Stephen Jen）氏は，(1)政府所有，(2)高い外貨建資産運用，(3)明確な負債を持たない，(4)高いリスク許容度，(5)長期投資の志向性，といった５つの特徴を挙げている[32)]。同氏は政府系ファンドを「外貨建て資産を原資として運用する政府投資ビークルであり，またこれら資産は外貨準備から切り離して運用されている」とする米国財務省国際担当のローリー次官補の定義を引用している。しかし，同氏は，政府系ファンド，外貨準備と公的年金基金の３つを類似したものと指摘しており，政府系ファンドを広義に捉えている。

ＧＡＰＰ（ＩＷＧ）の定義[33)]は，一般的な政府により所有された特定目的の投資ファンドやアレンジメントであるとしている。それはマクロ経済政策のために政府により創設されたものであり，金融目標を達成するために資産を所有，運営，管理し，外国資産への投資を含む一連の投資戦略を用いるとする。この定義から，伝統的な国際収支や金融政策のために金融当局により所有される外貨準備資産，また伝統的意味での国有企業の運営，政府従業員の年金基金ファンド，個人収益を運用する資産は除外される。この定義づけの主な要素は以下の３点である。

(1)　所有（一般的政府による所有である）

(2)　投資（国外金融資産の投資戦略であり，単なる自国資産への投資は除外される）

(3)　目的と対象（マクロ経済政策のために設立されたもので，広義には債務をもつ場合もあり，金融目標を達成する目的で政府資産を投資するために創設されたものである。中・長期スパンの広範な投資戦略をもつ）

ＩＭＦは多様なマクロ経済のために設立された政府所有の投資ファンドであると定義している。通常は，外貨資産の移転により調達され，長期的に国外に投資される。それらは多様なグループであり，その目的も重複し時間の経過のなかで変化するものとしている。投資目的の視点から見た分類として，１.コモディティー（主に石油）の不安定な価格変動から経済を防衛するために設立する安定化ファンド（stabilization funds），２.再生不能資産をより多様化したポートフォリオに転換し，オランダ病を軽減する将来世代に対して設立する貯蓄ファンド（savings funds），３.外貨準備を保有することで生じるコスト（costof-carry）を切り下げる，もしくは高収益を実現する投資戦略を行うため独立した事業体として設立される外貨準備金投資公社（reserve investment corporations)，４.インフラ等の優先的社会経済プロジェクトのための資金を配分するための開発ファンド（development funds)，５.政府財政上の年金か偶発債務の一方または双方と認識される年金積立金ファンド（contingent pension reserve funds)，と５つのグループを挙げている[34)]。また原資の性質の視点から，政府系ファンドを(1)コモディティー収益，(2)外貨準備金，(3)政府余剰金，(4)年金資金の４つに分類している[35)]。さらにＩＭＦはアセットアロケーションの分析を行うことから主要政府系ファンドを抽出をしており，公的年金基金を含めているのが特徴である[36)]。このようにＩＭＦの定義は年金基金までを包含した広い範囲で認識している。

米国財務省の定義は，外貨により資金調達された政府投資ビークルであり，外貨準備とは別にして運用され，より高い収益を目指して，伝統的資産よりも広範囲で多様なクラスの資産に投資するというものである。また外貨の資金源により，コモディティーと非コモディティーに分類できるとしている[37)]。

以上から政府系ファンドとは，政府による剰余金，つまり資産関連収益，外貨準備，偶発収益や年金資金などを政府が国外で戦略的資産において運用するファンド（もしくは投資ビークル）ということになろう。ここで特に問題になるのは，年金基金のなかでも，特に公的年金基金（Sovereign Pension Fund；ＳＰＦ）[38)] や外貨準備を運用する中央銀行を政府系ファンドとして含めるか否かという点であり，議論が分かれることである。年金基金に関しては，年金資金は将来にわたる国民への支払債務という意味で将来債務であり，それに備えて資金の運用を安全に行う必要性が生じる。そのような性質上，公的年金はリスク資産への運用に制約があり，一般に自国通貨の運用配分が多く占め，リスク性投資は原則行わないとするファンドも多い。このことからＧＡＯやＧＡＰＰの定義のように，政府系ファンドとして含めないとする議論もみられる。つまり政府系ファンドの資金の性質は基本的には余剰資金（正味資産）を財源とし，将来の返済がないものと規定する議論も少なくない。しかしながら，公的年金基金は伝統的に機関投資家の１つとして認識されているものの，近年その運用において，特にリスク性資産を対象に国際投資を行っている場合は政府系ファンドとして分類する議論も出てきている[39)]。政府系ファンドと公的年金基金は，政府が国民からの拠出金を政府資金として所有し，それを直接・間接的に運用するという意味で，非常に類似した特徴がある。しかしながら，政府系ファンドの場合は，目的，投資戦略，資金源や要求される情報開示という点で異なっている。その投資はよりリスクが高く戦略的で政治的目的を持つ場合もあり，為替相場や資産価格に影響を与える場合もみられる[40)]。さらに，ＯＥＣＤ報告書では，ＳＰＦの１つとしてＰＰＲＦｓ（公的年金準備基金）を挙げているが，これには２つのタイプがあり，それは政府系年金準備基金（Sovereign Pension Reserve Funds；ＳＰＲＦｓ）と社会保障準備基金（Social Security Reserve Funds；ＳＳＲＦｓ）である。特に後者は将来の年金支出を運用することを主目的としており，政府系ファンドとして分類されるとの指摘もある[41)]。

さらに，年金基金に関しては，公的年金基金の原資が100％国民拠出でもあっても加入が自主的である場合は政府の関与は低くなるといえる。しかし，年金加入を国民に強制している場合は一般財源や資源輸出収入で補てんしているケースがあり議論となるとの指摘がある[42)]。つまり，公的年金といっても年金が任意か，強制かによって政府の関与の強さが異なり，その関与が強い場合に問題となるということである。

もう１つの問題点として中央銀行が外貨準備を政府として積極的に運用する場合も政府系ファンドとして認めるか否か議論が分かれる。これに属するファンドとして，例えば，香港ＨＫＭＡ，サウジアラビアＳＡＭＡなどがある。ＩＭＦはこれらを政府系ファンドとして含んでいるが，ＧＡＯによる定義のように金融当局とは切り離した形で運用されたものとするとの指摘もある。これは外貨準備を豊富に積み上げた国々に見られるケースであり，近年の政府系ファンドが設立される新たな要因となっている。従来，外貨準備は不測の事態が起こった場合における対外債務に備えるという性質がある。そのため基本的には安全性の高い資産での運用が必要となり，投資のリスク許容度が低い運用，例えば外貨準備高は米国債等の外貨建て資産で運用が多いことから政府系ファンドとして分類はされないとすることも多い。しかし，近年，グローバル・インバランスと呼ばれる金融市場での資金の偏在を背景として，アジア諸国の幾つかの中央銀行が外貨準備を急速に増大させており，この安全性・流動性を保持する水準を超えた部分を切り離して積極運用するケースが増えているのである。しかしながら，中央銀行自体で運用される場合は議論が分かれているのが現状である。

その他にも石油産出国に見られる王族によるファンドの場合，王族はソブリンという概念に含まれないので排除することが普通である。

以上の議論を踏まえた上で，政府系ファンドとみなされるそれぞれの投資家の主要な特質を抽出すると，⑴所有が政府や国家など公的であること（国家の意思の存在），⑵政府の外貨収入が財源であり，外貨建て資金での運用が大きいこと，⑶基本的に政府の余剰金であり，将来債務が存在しないこと，⑷投資の長期志向性をもつこと（短期的に売買して高収益を目指すヘッジファンド等の投機的投資家と異なり，長期保有することから配当収入やＰＥ投資で売却収入を獲得する），⑸リスク性資産への投資配分が多いこと（リスク許容度が高い），⑹グローバル投資を積極的に行うこと，また場合によっては，⑺経済的収益のみでなく，マクロ経済政策や国家戦略上の産業育成などの異なる視点のリターンの選好性をもつことなど，が概ね共通して挙げられるであろう。ただし，政府系ファンドが全ての要素を満たすものではなく，また投資家としての性質が変化しているものもあり，いかなる特徴をもつ投資家が政府系ファンドであるかを規定することは困難を伴う。本書では，公的年金基金や外貨準備に関しては上記の複数の特徴を満たすファンドも多いことから，政府系ファンドの範疇に入れて議論している[43)]。

この点に関してモルガンスタンレーのジェン氏は政府系ファンドと公的年金基金（ＳＰＦ）や外貨準備など類似する概念に関しては，その特質が重なり合うこともあり，詳細な定義を行うことよりもむしろ比較検討して異なる特質を強調していくことが有意義であろうと言及している。それらを整理するために，

図表1－7　政府系ファンドの整理1

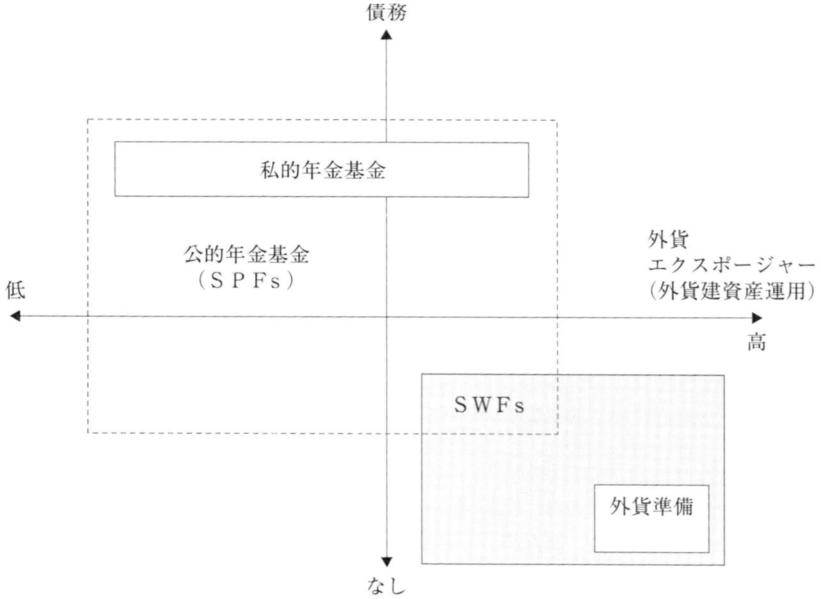

（出所）S. Jen, "The Definition of a Sovereign Wealth Fund", *Morgan Stanley Research*, 2007. p.2.

同氏の概念を手がかりとしてみていこう（図表1－7，図表1－8参照）。

図表1－7では，横軸が外貨所有（外貨建て資産運用）の幅，縦軸がファンドに帰属する債務の大きさを表したものである。ここでは政府系ファンドが高い外貨運用と明確な債務がない政府資金の運用機関であることを示している。また外資準備は100％外貨運用で負債は存在しないこと，ＳＰＦは年金の将来債務を持ち，外貨運用は総じて低いが，幅があることを表している。また図表1－8は，横軸にリスク許容度と縦軸に投資期間を表したものである。この図から政府系ファンドの投資期間は長期であり，リスク許容度は柔軟性があることが示されている。ここでは外貨準備は流動性と安全性を担保する必要があるので短期運用でリスク許容度は低いとしている。またＳＰＦは政府系ファンドと

図表１－８　政府系ファンドの整理２

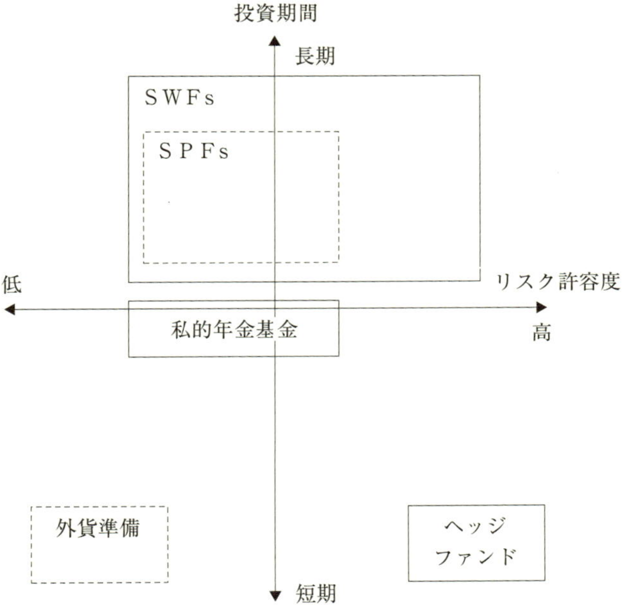

（出所）S. Jen, "The Definition of a Sovereign Wealth Fund", *Morgan Stanley Research*, 2007, p.2.

同様に長期運用傾向であるが，リスク許容度は高くないことを表している。

ここから窺えることは，一部のＳＰＦでは長期志向のリスク性投資を行っており，政府系ファンドと同じ投資志向性をもち，また一部の政府系ファンドは外貨運用の多さなど外貨準備と似た特徴を有するということである。

３　投資家としての性質－投資ファンドとしての位置づけ

以上，定義に関してみてきたが，本書で考察される政府系ファンドとは，政府の原資を何らかの資産で運用するために政府自身が所有するファンドのことである。このような政府系ファンドは，一般の投資ファンドと同様に投資主体

（運用者）が特定の運用目的をもって，それに合わせた投資ビークルを選択して投資を行うというものである。しかしながら，いかなるビークルを選択しようとも上述したように政府系ファンドは最終利益の受け手が政府となる点が他の投資ファンドとは大きな相違点である。では，投資ファンドにおける政府系ファンドの位置づけはどのようなものであろうか。一般に，投資ファンドとは，集団投資スキーム（collective investment scheme）と呼ばれ，世界的に多様化する現状がみられる[44)]。それは投資ビークルの法的形態の他にも投資先や投資手法で分類される（図表1－9参照）。この世界的に役割が増している投資ファンドとは，投資家から集めた資金を投資の専門家が特定の資産や事業に投資して，そこから得られる値上がり・配当や企業買収で売却・上場したことによる収益を投資家に還元するという投資機関（基金や運用会社）である[45)]。これは，直接金融が主流になる中で市場での資金の供給者として，企業にとっては資金調達の多様化を図るものとして，多様な資金供給チャネルを通した金融システムを強化する役割を果たすようになっている。つまり，投資ファンドは，従来，金融機関が担っていたリスク・マネーの供給を投資の専門技術の発展で可能になったことにより市場に提供することができる。それは企業の資金調達の側面からみると，直接金融型の金融仲介機能として機能しており，従来不在であった間接金融型のエクイティ性資金を補う機能をもち，その資金を提供する主体としての役割を果たしているといわれる。

こうした投資ファンドは，従来，投資信託（ミューチュアルファンド）が代表的存在であったが，近年多様化して，金融市場における投資主体，もしくは株主として主要な存在となってきている。例えば，ＰＥファンド[46)]と総称されるバイアウトファンドや事業再生ファンド，またベンチャーキャピタルファンドは企業価値を高め収益を得るためにそれぞれ異なるステージの企業に投資を行うファンドがある。また同じように企業に投資を行うファンドとしてアクティビストファンドがある。これはマイノリティ投資によって議決権（発言権）を取得して経営に関与していくものである。近年はこのような経営陣に経営改革を強要するために株式取得を目的とする投資ファンドが増加しており，コーポレート・ガバナンス問題における投資ファンドの役割が注目されている。また絶対収益を目指す投資手法を駆使するヘッジファンドが投資額を増大してきている現状もみられる。近年では，これらヘッジファンドやプライベートエクイティ自体が政府系ファンドの投資手法となっていることも多い。

これらの例から分かるように，基本的に投資ファンドは資金を集める運用専門家の投資目的に沿って組成され，ファンド自体の法的形態が規定されることになるのである。そうしたファンドの１つである政府系ファンドであるが，その性質は，投資家が存在せずに資金は政府（もしくは政府に準ずるもの）自身の正味の資金であり，それらの資産を政府が運営する目的で設立されたものであり，敢えて説明責任を果たすのは国民である。ここからみる投資家としての政府系ファンドの性質はいくつかの視点から検討されうる。最大の特徴は，先の定義でみたように資金の最終提供者が存在せずに，政府自身が最終利益の受託者となる。これは他のいかなるファンドとも異なる特徴である。また，運用する資金は政府自身の資産であることから長期的視野から流動性の低い資産やリスク性資産などへの投資を行い得るようになっている。これはヘッジファンドのように投資家のために短期で高収益を上げる必要がある場合や，多くの年金基金のように受託者義務が生じる運用体とは異なっている。一般に年金基金や保険会社などの機関投資家も資産額の大きさから長期視点の投資を行う傾向にある。しかしながら加入者の拠出金保護の意味から投資手法が制限され，また資金拠出者との間にエージェンシー問題が発生する場合もある。これと比較すると，政府系ファンドの場合は多様な投資手法を選択でき，ＰＥなど長期性投資からヘッジファンドによるレバレッジ投資まで幅広い投資が可能となるファンドである。つまり，投資目的や投資手法において一般の投資ファンドとは異なるのが政府系ファンドである。

このことから，政府系ファンドは運用方針やポートフォリオを公表しないことにもつながる。近年，特にサブプライム金融危機以降，米国やEUを中心として投資ファンド規制論が展開されている。先に見たように，投資家イコール政府の政府系ファンドにおいても規制論が展開されるようになってきているの

図表１－９　ファンド形態の分類

大分類	投資先企業ステージ・投資手法等別ファンド					
小分類	ベンチャーファンド	ＰＥファンド（バイアウト，再生）	地域再生ファンド	メザニンファンド	アクティビストファンド	ヘッジファンド
ファンド業務の概要	創業期・初期段階のベンチャー企業の未公開株式を数％～50％程度取得し，ハンズオン支援を通じて企業価値を実現する。主にＩＰＯ時等の株式売却により利益獲得を目指す。時には役員を送り込むなど共同事業的な性格も強く，関連産業・新規事業等に対する経験・ノウハウが必要とされる。	成長段階以降にある企業の経営支配権（株式の過半数）を相対で取得し，中期的に経営に参画，生産性の低い部門等の切り離しや業務効率化，経営戦略の変更等により，企業価値を高めた上で株式売却により利益獲得を目指す。特に，過剰債務を抱え経営困難に陥っている企業への投融資により財務面の改善や事業の再構築等を行うものを再生ファンドという。	再生ファンドのうち，成長段階以降にある地域の中堅・中小企業の再生に対して投融資するもの。	債権順位等において普通株式と通常融資との中間的な性質を持つ「メザニン」（種類株式，転換社債型新株予約権付社債，匿名組合出資，劣後融資等）により投融資し，権利売却，返済，償還等により利益獲得を目指す。	主に上場企業の株式を取引所で数％～数十％取得し，大株主としての発言力を活用して，配当増額や役員交替等の提案活動を行う。配当や株価上昇による売却益により利益獲得を目指す。株式取得方法として，ＴＯＢを用いることもある。	投資対象は，通貨，株式，債券，不動産，商品等千差万別。特徴は，①私募等制約要因の少ない形式で組成することによりレバレッジを活用するなど自由裁量の下で投資活動を行い，②株式ロングショート等の投資戦略を活用しながら流動性資産からの絶対的収益を追求し，③成功報酬を徴収。
法的形態（ビークル）	国内外ＬＰＳ 任意組合 匿名組合	国内外ＬＰＳ 任意組合 匿名組合 海外スキーム	国内外ＬＰＳ 任意組合	国内外ＬＰＳ 任意組合 匿名組合	任意組合 海外私募投信	任意組合 海外私募投信
主要投資家	機関投資家が中心だが，個人も一部参加。	海外投資家を含め，機関投資家中心（個人は稀）。	地域金融機関，地方公共団体，（独）中小企業基盤整備機構，日本政策投資銀行等の機関投資家・公的機関等（個人は稀）。	銀行，保険会社，信託等金融機関が中心。	機関投資家中心だが，個人も一部参加。	銀行，保険会社，信託等金融機関が中心。一部，年金，事業法人，個人富裕層も参加。
投資規模／案件	数千万円～１億円程度	数十～数百億円程度	数千万円～数十億円程度	数千万円～数億円程度	数億円～	—
保有期間	約３～10年	約３～５年程度	約２～10年	数年	数ヶ月～数年	数秒～数ヶ月程度と推定

（出所）経済産業省，「経済成長に向けたファンドの役割と発展に関する研究会報告書」ファンド事例研究会（第１回）配布資料，資料６－２，2008. より作成。

特定業種・特定事業向けファンド				その他のファンド	
業種特化型ファンド	事業特化型ファンド（プロジェクト・ファンド）	商品ファンド	不動産ファンド	ソブリン・ウェルス・ファンド（SWF）	ファンド・オブ・ファンズ（FOF）
コンテンツファンド，ITファンド，バイオファンド等，特定の業種に限定して投資を行い，事業収益等を得て利益分配するもの。（例：コンテンツファンドは，映画やゲーム等の製作のために，事業を行わない者からの出資を受け，著作権等を取得し，その事業収益を得ることにより利益獲得することを目指す。）	投資家から資金を集め，特定の事業を行い，その収益等から利益分配するもの。（例：通信設備を取得し，そのリース料を得ることにより利益獲得）	商品投資顧問業が投資家から資金を集め，主として，金・原油・ゴム等の商品先物取引等で運用を行い，その利益を投資家に分配するもの。商品ファンド法により規制。	不動産（又は不動産信託受益権）を取得・開発し，賃料その他当該不動産からの収益を分配するもの。	中東のオイルマネーや中国の外準等を原資とする政府系ファンドで，主にリスク性資産を含め積極運用しているものを指す。	株式や債券等に直接投資を行うのではなく，それらに投資を行っている別のファンドに対して投資を行うファンド。投資先をより広域に分散することが可能と言われている。
国内外ＬＰＳ 任意組合 匿名組合 信託	匿名組合 任意組合	匿名組合 任意組合 信託	上場不動産投信（Ｊ－ＲＥＩＴ） 信託	Authority，政府当局，株式会社，持株会社	任意組合 国内外ＬＰＳ 信託
業界関係者，金融機関が中心。	個人・法人	個人・法人	機関投資家中心。	主に国家（オイルマネー，外準等の国家資産），一部年金基金。	機関投資家，年金基金，個人
数千万円～数億円程度	数千万円～	—	数億～数百億円	数百～数千億円	—
約３～10年	—	—	—	一般的に長期的傾向	—

注）ＬＰＳ（Limited Partnership）「投資事業有限責任組合」

であり，今後の投資家としてのあり方が問われている。

(注)

1）Deutsche Bank Research, “SWFs and Foreign Investment Policies – An update”, October, 2008, p.7. この期間の投資の37％が米国企業，32％がヨーロッパ企業であった。また産業では金融部門が多いことが特徴である。

2）E.M.Truman, “The Blueprint for Sovereign Wealth Fund Best Practice”, *Policy Brief*, Peterson Institute, 2008, p.5.

3）IMF, “Global Financial Stability Report：Financial Market Turbulence Causes, Consequense, and Policies”, *World Economic and Financial Review*, October 2007, pp.45-51.

4）IMF, “International Working Group of Sovereign Funds is Established to Facilitate Work on Voluntary Principle”, Press Release No.08/97, 1 May 2008.

5）2008年６月，「政府系ファンドおよび受入国の方針に関わるＯＥＣＤ宣言（OECD Declaration on Sovereign Wealth Funds and Recipient Countries)」を公表された。OECD, *Sovereign Wealth Funds and Recipient Countries – Working together to maintain and expand freedom of investment*, 2008. ここでは内外無差別，透明性，漸進的自由化，新たな障壁の禁止，一方的な自由化（互恵主義の回避）が謳われている。受入国は投資に対して障壁を設けるべきではなく，投資家を差別すべきではない，また安全保障上の問題がある場合，防御策をとるべきであるとの規範が示された。

6）奥愛「米国からみたソブリン・ウェルス・ファンド」トピックスレポート，財団法人国際金融情報センター，2007年11月，p.2.

7）E.M.Truman, *op.,cit.*, p.5.

8）財務省資料参照。(http：//www.mof.go.jp/international_policy/research/fy2005tyousa/1803chokutou_05.pdf)［2012/1/25］

9）同買収はＣＦＩＵＳによる調査の結果承認されたが，後に米国議会により安全保障上の問題が指摘されるようになった。結果的にＤＰＷは米国企業AIG Global Investmentに売却した。

10）同買収に関しては，米国上院（U.S. Senate）資料参照。(http://www.banking.senate.gov/public/index.)［2012/1/25］

11）U.S. Department of Treasury, “Treasury Reaches Agreement on Principles for Sovereign Wealth Fund Investment with Singapore and Abu Dhabi, U.S. Department of the Treasury”, 20 March 2008.（http://www.treasury.gov/press-center/press-releases/Pages/hp881.aspx）［2012/1/25］

12）Business Week, “Sovereign Wealth Funds Tops Davos Talk” 24 January 2008.

13）GAO, ‘Sovereign Wealth Funds-Publicly Available Data on Size and Investments for Some Funds Are Limited’, September 2008.

14）この点に関しては，従来ヘッジファンドが情報開示を免れていることが時に国際金融市場のかく乱要因になったことなどあり，現在では米国，ＥＵを中心に規制論が浮上している。

15）証券取引法規則13では，５％以下の発行済株式を所有する株主は情報開示を要請されないと定められている。

16）Ｕ．Ｓ．Department of Treasury, "Remarks by Treasury Assistant Secretary for International Affairs Clay Lowery at Barclays Capital's 12th Annual Global Inflation-Linked Conference" 25 February 2008.

17）Paul Rose, "Sovereign as Shareholders", *North Carolina Law Review*, vol.87, Social Science Research Network, Fall 2008, pp.111-112.

18）奥愛，前掲雑誌，財団法人国際金融情報センター，2007年11月，pp.3-4.

19）IMF, *op.,cit*, October 2007, p.45.

20）ＩＭＦにより作成された多くのレポートは政府系ファンドの実態を知る上で重要な手かがりとなる。例えば，Udaibir S Das, Yinqiu Lu, Christian Mulder and Amadou Sy, "Setting up a Sovereign Welth Fund：Some Policy and Operational Considerations", *IMF Working Paper*, August 2009, IMF, Cornelia Hammer, Peter Kunzel and Iva Petrova, "Sovereign Welth Fund：Current Institutional and Operational Practices", *IMF Working Paper*, November 2008, IMF. IMF, *Sovereign Wealth Funds-A Work Agenda*, February 2008.

21）例えば，Jhon Gieve：Sovereign wealth funds and Global Imbalance, Speech by Sir Jhon Gieve, Deputy Governor of the Bank of England, to the Sovereign Wealth Management Conference, London, 14 March 2008, *BIS Review 58/2008*,. Philipp Hilderbrand：The Challenge of Sovereign Wealth Funds, Speech by Philipp Hilderbrand, Vice-Chairman of the Governing Board of the Swiss National Bank, at the International Center for Monetary and Banking Studies, Geneva, 18 December 2007, BIS Review 150/2007., Jan F Qvigstad, The Global Economic Crisis and Its Impact on Sovereign Wealth Funds- The Example of Norway, *BIS Review 31/2008*.

22）IMF, "SWF Principle Will Help Cross-Border Investment – Lipsky", 3 September 2008.

23）IMF, *op.,cit.*, February 2008.

24）サンチャゴ原則（ＧＡＰＰ）http://www.iwg-swf.org/pubs/eng/santiagoprinciples/pdf.

25）IWG, *Sovereign Wealth Funds Generally Accepted Principles and Practices "Santiago Principles"*, October 2008, p.3.

26）IMF, "SWF Principles Will Help Cross-Boarder Investment", *IMF Survey Magazine*, 3 September 2008.

27）中国は1.8兆ドルの外貨準備高を保有しているが，スタンダードチャタードは対外支払いなどのために必要な外貨準備は1.1兆ドルレベルだと予測している。Paul Rose, *op.,cit.*, p.106.

28）世界の外貨準備残高は急速に伸びており，2007年末累積額は6.4兆ドル，その内2.5兆ドルが政府系ファンドによって占められる。第一生命経済研究所「政府系ファンドから投資を考える」Financial Trend 2008年２月27日。

29）Udaibir S Das, et al, *op.,cit.,* p.5.　その呼称については，他に国富ファンド，国家資産運用基金と訳される場合もある。

30）IMF, *op.,cit.,* February 2008参照。

31）GAO, *op.,cit.,* pp.2-3.

32）Stephen Jen, “The Definition of a Sovereign Wealth Fund”, *Morgan Stanley Research*, 2007, p.2.

33）IWG, *op.,cit.,* p.27.

34）IMF, *op., cit.,* Annex 1.2. Sovereign Wealth Funds, October 2007, p.45.

35）*Ibid.,* p.46.

36）*Ibid.,* pp. 48–49.

37）GAO, *op.,cit.,* p46.

38）公的年金基金はPublic Pension Fundと総称されるが，近年，ＳＰＦと表現するケースも散見される。また公的年金準備基金Public Pension Reserve Funds（ＰＰＲＦｓ）と呼ばれる場合もある。これはpay-as-you-go system（ＰＡＹＧ）という賦課方式の年金制度の年金資金を運用するために設立されるものである。

39）先進国の少子高齢化により世界の年金資金は急速に増大している。序－図表１にも見られるように，既に金融市場において巨大なプレイヤーである。

40）A. Blundell-Wignall, Yu-Wei Hu, Juan Yermo, “Sovereign Wealth and Pension Fund Issue”, *OECD Working Papers on insurance and Private Pensions No.14*, OECD, 2008, pp.2–4.

41）*Ibid.,* p.4.

42）小林篤次『政府系ファンド―巨大マネーの真実』日本経済出版社，2009年，p.50.

43）また政府資金の種類や依存度によって分類する場合も見られる。それは，⑴政府資金の性質，例えば，中央銀行，年金基金，外貨準備，資源関連収益基金などの分類，⑵政府資金の外部依存性，これは株式，債券，銀行ローンなどの分類，⑶対外投資の水準による分類などである。例えば，日本のＧＰＩＦなどのように国内に限定された投資は問題にならないとされる。

44）経済産業省は，ファンドの分類を⑴投資型ファンドａ.上場株式など市場性ある商品対象ｂ.非上場企業対象（ＰＥファンド），⑵事業型ファンドａ.商品ファンド法上の「現物」対象ｂ.「現物」以外の対象，としている。経済産業省「経済成長に向けたファンドの役割と発展について―討議資料―」H17, p.21.

45）経済産業省の投資ファンドの定義を「仕組み行為者が主として多数の投資者の資金をプールし，各種の資金に投資・運用する仕組み（資産運用型），または特定の資産から生じるキャッシュフローを専門家たるアレンジャー等が組み替えて主として多数の投資者に証券等を販売することにより資金調達を行う仕組み（資産流動型）」としている。同上書，p.14.

　またファンドが投資事業組合として組成される場合，運用者（general partner：G

Ｐ）と出資者（limited partner：ＬＰ）との間に limited partnership agreement（ＬＰＡ）を締結する。ＬＰＡには投資条項が記載され，ＧＰは投資実行業務を行い，ＬＰはファンドが得た利益の中から配当を得る。

46）他に企業の不良債権を買い取ることを目的としたディストレスト（不良債権ファンド）を含める場合もある。

第2章

シンガポール金融・資本市場の発展の歴史

1　はじめに

シンガポールでは，1997年アジア通貨危機以降，外資系金融機関の税制インセンティブによる積極的誘致，資本市場におけるデリバティブ取引開始，金融部門に従事する人的資源育成・人材集積やプライベート・バンキング拠点化など一連の金融制度の強化を図るようになった。これには近年のアジア諸国の経済発展に伴った競合的金融市場の出現といった背景があった。そのために2000年以降，政府は金融部門の国際競争力をより高める金融ビッグバン（金融構造改革）を意識した資本市場の抜本的改革を実施するようになった。その施策の１つである証券市場の活性化に関しては，ファンド・マネージメント市場の育成を目指した資産運用ビジネスの強化が政策の中心におかれた。それは市場規模が小規模で狭隘であるという点を補いながら，アジア地域の金融センターとして拠点化していくという他国と差別化を図る戦略でもあった。運用拠点としての環境づくりの施策の結果，ヘッジファンド，ＰＥなどのオルタナティブ投資や富裕層向けプライベート・バンキング業務の増加とともに資産運用アドバイザーやファンド・マネージャーの急増をみて，アジアの運用拠点化が着実に進展してきている。また資産運用会社などの金融機関の誘致などにより運用部門が一層強化され，株式，社債等取引はもとより，デリバティブ運用の拡大など金融部門の着実な発展がみられるようになっている。ここでは重要な産業とみなされる金融市場の発展プロセスを跡づけ，それと関連して，ファンド育成政策における政府系ファンドの役割をみていく。

2　ＭＡＳ（通貨管理庁）による金融の制度化と発展政策

⑴　金融制度発展の萌芽

1965年独立後，経済振興政策の一環として，シンガポールは外資を梃子とした輸出志向型工業化を指向して経済発展を遂げてきた。同時に，政府は産業振興のための自国経済の成長軸の１つとして金融部門を位置づけており，国際金融センターとなるべく戦略を取ってきた。そのためアジア諸国の中では比較的早くから国際的金融市場の創出を目指して，金融・資本市場制度における発展の施策が採られてきている。また他のアジア諸国にみられるような政府の金融規制が少なく，為替や資本取引の自由化なども独立直後と早くから施行されている。このような状況を促したのは，シンガポールでは，国家形成の史的経緯から，国際的ネットワークをもつ華人・華僑系金融が自場資本として存在したこと，かつイギリスの直轄植民地として比較的自由な経済環境下にあり，金融業においても自由な国際取引を行うという背景があったためである。また近年の世界的な金融自由化に対しても柔軟に対応しており，グローバルかつ自由な経済環境は，世界的競争力におけるシンガポールの強みとなっている。以下にその発展の軌跡をみてみよう。

通常，アジア諸国は経済の後発性ゆえに，企業は所有と経営が未分離で資本蓄積が乏しく，また金融市場は非公式で形成されていることが多い。植民地期シンガポールにおいても，同様に金融制度は未整備の状況であった。特に地場の民間資本であった華人資本はディスクロジャーを好まず，企業は同郷人によって設立された金融機関，相互扶助団体の幇（ばん）（Bang）からの借り入れや家族・同族からの出資など限定された資金調達が通常の金融慣行であった[1]。このような植民地期のシンガポールにおいて，最初に設立された銀行は1840年設立のカルカッタ銀行（Union Bank of Culcutta）であった[2]。当初の銀行を遡ると，

1800年代半ばから宗主国イギリスの商業銀行であるマーカンタイル（Marcantile）銀行，チャタード（Chartered，現スタンダード・チャタード）銀行や香港上海銀行（ＨＳＢＣ）とともに，オランダ，フランスや米国の銀行が進出し，操業を行っていた。そのなかでも当時の通貨発行権をもっていたのは主にイギリス系銀行であった。その後，1900年代に入ると錫・ゴムなど植民地産業によって資本を蓄積した華僑資本家による銀行数行が設立をみた。最初の銀行としては1903年コン・イ（Kwong Yik）銀行が広東人事業家のために設立された。続いて1906年にシ・ハイ・トン（Sze Hai Tong）銀行（後の Four Seas 銀行）が潮州人コミュニティーのために設立された。またチャイニーズ・コマーシャル（Chinese Commercial）銀行，ホーホン（Ho Hong）銀行，華僑銀行（Overseas Chinese Banking- Corporation；ＯＣＢＣ），ＵＯＢ銀行（前 United Chinese Bank）と福建人による銀行の設立が相次いだ。これら地場銀行は次第に欧米系銀行との間で業務の補完的役割を果たすようになった[3)]。また他方，個人の資金調達においては伝統的小規模な貸し金業や Chetiar（チェティアー）など非組織的金融業が数多く存在しており，近代的金融市場が整備されるまではそれらが主流であった。

1942年から数年は日本軍による占領下で銀行業務は停止を余儀なくされたが，戦後はＯＵＢ銀行（Overseas Union Bank），チュー・コー銀行（Chunk Khiaw Bank），インダストリアル・アンド・コマーシャル銀行（Industrial and Commercial Bank），シンガポール銀行（Bank of Singapore）と地場銀行の設立が続いた。その後1963年～65年マレーシア連邦の一部を構成した期間はマレーシア中央銀行であるネガラ銀行によりこれら銀行は管轄された。シンガポールで中央銀行の設立など近代的金融の制度化が企図され，そのための諸施策が実施されるようになったのは独立以降のことであった。

(2)　金融市場の発展

1965年の独立後のシンガポールでは，経済を発展させるための近代的金融制度の構築が急務の政策であった。最初に政府は複数の政府機関に分散していた中央銀行の機能や業務を整理・再編していった。特に，通貨（シンガポール・ドル）の発行に関しては，1967年にシンガポール通貨法（Currency Act）に基づいて創設されたシンガポール通貨庁（Singapore Currency Board；ＳＣＢ）がその役割を担った[4)]。また同年，安全な銀行業務を保証する預金者保護や，そのための銀行ライセンスに関する従来の規定を改正した銀行法（Banking Act 1967）が施行された[5)]。さらに国の基幹産業の資金調達を担う金融機関としては，1968年にシンガポール開発銀行（Development Bank of Singapore；ＤＢＳ）が政策金融機関として設立された。

その後，独立以前に多数設立されていた地場銀行の合従連衡が急速に進む一方で，将来の国際金融センターとしての環境作りを睨んだ政府の外資誘致戦略が採られた。その結果，外国銀行が増加するという変化が見られるようになった。当時，シンガポールで操業した銀行全てにおいて，商業銀行業務が認可されていたが，1971年にＭＡＳは外資金融機関が操業するにあたっての規制導入を開始した。このため民間の金融機関，特に商業銀行においては免許制が敷かれるようになった。まず全業務を行うフル・ライセンス（full-licence）制，業務が制限されたリストリクティッド・ライセンス（restricted-licence）制が設けられた。さらに1973年にはオフショア・ライセンス（offshore-licence）制が導入された結果，銀行は業務によって３種に立て分けられることとなった[6)]。これは，国際金融業務の進展によって外資金融機関の進出をより奨励したために，狭隘な金融市場のシンガポールにおいて，地場の金融機関との競争を避けるための必要な施策であった。しかし，外資側にとっては国内市場への参入障壁となり，大きな規制の存在として指摘されている。

また通貨発行以外の中央銀行業務は，1971年にシンガポール通貨管理庁法（Monetary Authority of Singapore Act）に基づきシンガポール通貨管理庁（Monetary Authority of Singapore；ＭＡＳ）が設立されて，金融業務に関わる監督，統制や管理を担うことになった[7)]。従来，別々の行政組織で行われてきた金融の監督・規制がここに一本化され，権限が集中することとなった。その後は金融・為替政策や金融制度などの発展戦略も同庁が中心となり実施されている。さらに，1984年には通貨管理庁法が改正され，ＭＡＳの役割はさらに大きくなっていった。

このような経過を辿り制度化されてきた金融市場は，周辺のアジア諸国の経済発展に伴う旺盛な資金需要によって次第に成長を遂げるようになった。経済を支える基盤となる金融制度に関しては，政府はドイツやスイスなどヨーロッパ諸国で多く採用されているユニバーサル・バンキング方式を採用した。これによりシンガポールでは証券業務は証券会社だけではなく政府系金融機関や地場の４大金融機関（後に３行）も兼業するようになった。

金融市場に関しては，1968年に政府は国内市場（マネー・マーケット）を完全に切離する形でオフショア市場を設立した。このオフショア市場とは，政府により創設されたシンガポール固有の市場で非居住者の外貨預金受入れや貸付を行うＡＣＵ勘定（Asian Currency Unit）を中心とした制度である。つまりシンガポールドル建ての国内取引とは分離して，非居住者から調達した資金を非居住者に貸し出すという外貨建て取引を同勘定内で行うものである[8)]。政府は1968年に本格的にオフショア市場を発展させるために，ＡＣＵ勘定の整備に取りかかった。その後，アセアン地域の金融中継地を意識して1975年に国内預金・貸出金利の自由化，1978年に為替の自由化を図っている。

また金融制度と経済政策の関わりにおいてみると，輸出を重視する同国の経済の発展過程で為替レート方式などの金融政策は重要な問題である。シンガポールのような輸出国における大幅な為替の変動は経済に大きな打撃を与えることになるために，政府は積極的に関与して数度にわたる為替レート方式を変更してきた。このようにシンガポールでは，産業政策の一環として金融機関の設立をはじめ金融制度化や金融政策においても政府が主導的役割を果たし，政府の意図が反映されたものになっている。

さらに金融政策に関しては，オフショア市場の他に，国内のマネーマーケットはインターバンク市場と割引市場とから構成されて，マネーサプライを中心とした金融政策が採られている[9)]。マネーマーケットでは，ＴＢ，為替手形，ＣＤ，政府証券が短期の金融手段として取引されている。またインターバンク市場は，商業銀行を含めた金融機関の資金の過不足を調整する市場であり，外国為替市場を含んだ市場となっている。さらに，ロンドンをモデルにして設立された割引市場では，商業手形，為替手形，ＴＢや政府証券等が取引されている。実際には，シンガポール経済の安定化を促進する金融政策は，短期金融市場が発展していないために，マネーサプライ調整や政策金利による金融政策はなされてはいない。ＭＡＳにより，(1)銀行の預金・貸出金利に関する政策，(2)特別預金比率，(3)指導，(4)その他銀行に対する選別的信用規制や信用割当てなど，の手段が実施されている[10)]。また為替政策として，主要貿易相手国の複数の通貨にリンクする通貨バスケットによる管理変動相場制（floating exchange rate system）を採用している。これは為替相場が決められたレンジ内で調整されるというものであり[11)]，これが事実上の金融政策の役割を果たしている。

このような金融制度の発展の経過のなかで，シンガポールの公的金融機関としては外貨準備運用機関のＧＩＣをはじめ，退職後の強制的積立年金基金である中央積立基金（Central Provident Fund；ＣＰＦ），低所得者層への小額・低利子融資を行う郵便貯蓄銀行（Post Office Saving Bank；ＰＯＳＢ，1998年ＤＢＳと合併した）と経済開発のための融資など金融サービスを実施するＤＢＳが設立された。これらは，民間の金融機関の預金残高と比較すると圧倒的優位にあり，比肩するような民間の金融機関はほとんどないといわれた。また現在の民間である地場の金融機関は，合従連衡の末に植民地から企業活動を行っていた華人資本のＯＣＢＣ，ＵＯＢ，ＯＵＢ（2001年ＵＯＢと合併した）３行となり，これにＤＢＳを加えてBig Four（４大金融機関）と呼ばれた。これは，ＭＡＳの金融自由化５カ年計画のもとで公民ともに金融グループ化・再編が進んだ結果であり，その後も再編は続いた。

3　資本市場の発展過程

(1)　証券市場前史

シンガポールの証券市場の前史は，1819年にイギリス植民地総督ラッフルズ

（S. T. Raffles）により植民地化されたことに遡る。同国は立地的条件の良さからアジア地域におけるイギリス東インド会社の戦略的拠点と位置づけられ，中継貿易港として発展を遂げてきた。その後の急速な貿易業の繁栄によって株式売買による所有権の移転がなされる有限責任会社（limited liability joint stock companies）がみられるようになった。宗主国であるイギリスは，海峡植民地としたマレーシア（マラヤ）半島においてゴム・錫産業の開発を進めたこともあり，これらが中心産業として興隆していった。この後，株式仲介事業（stock brokerage）が発生し，19世紀には当時のビジネス中心地クリフォード桟橋アーケード（ラッフルズ・プレース）において，株式仲介業者が非公式でイギリス人投資家のためにゴムや錫採掘業のイギリス企業株を売買するようになった[12)]。1910年のゴム産業のブームが起きると株式取引はシンガポールの主要な産業となり，錫企業も新株発行を活発に行うようになった。しかし，植民地という性格柄，当時の市場は基本的にイギリス企業やイギリスの個人投資家の要請に合わせて運営されていた。

この後，さらに株式取引は拡大を続けた。しかし，1929年に世界恐慌が引き金となり，株価が大暴落して市場に混乱が生じた。そのため公式の取引所の必要性が認識され，翌年に多数の株式仲介業者によってシンガポール証券ブローカー協会が設立された。これが最初の公式な証券取引所となった。この取引所の開設で証券業者は投資家保護など一定のルールのもとで取引を行うようになった。1959年，シンガポールはイギリス自治領となり，1963年にマラヤ，イギリス領ボルネオとともにマレーシア連邦を構成することとなった。この少し前の1957年に，シンガポール，クアラルンプール，ペナンやイポーの企業家がボードで取引を行うトレーディング・ルームを併設したマラヤ証券取引所（シンガポール，マレーシア別々にトレーディング・ルームが開設された）を設立していた。その後，シンガポールとクアラルンプールのトレーディング・ルームは効率化を図り１つの市場となったが，これは，1963年にシンガポールがマレーシア連邦に統合された時にマレーシア証券取引所と改称された。

さらに1965年シンガポールはマレーシア連邦から分離・独立したことからマ

レーシア・シンガポール証券取引所（ＳＥＭＥ）と改称されて，上場基準などの規則が設けられて再始動するようになった。その後1973年にマレーシア政府が両国間の通貨兌換制度を廃止したことを契機にして，シンガポールは独自の取引所であるシンガポール証券取引所（Stock Exchange of Singapore；ＳＥＳ）を会社法に基づいて開設することになった[13]。しかしながら，両国取引所は相互で生成・発展してきた経緯から，分離後もＳＥＳとマレーシア取引所（Kuala Lumpur Stock Exchange；ＫＬＳＥ）の両国の銘柄は重複上場を相互に信任する形を取り続けた。実際，マレーシア企業のＳＥＳへの重複上場銘柄は300に上り，結果として発行株式数や時価総額はシンガポールのそれを上回って重要な位置を占めるようになった。

このＳＥＳ組織は，大企業向けの第１部取引所（メインボード），新興企業向けの第２部取引所（SES Dealing and Automated Quotation；ＳＥＳＤＡＱ，現カタリスト）から構成される。特にＳＥＳＤＡＱの創設は地元の中小企業にとり長期の資金調達を可能にするものになった。しかしながら，1989年にマレーシア企業の重複上場が廃止になったことからメインボードの180以上の企業が減少した。政府は取引所の縮小・沈滞化を防ぐために，マレーシア企業のみを扱う相対取引（over-the-counter）である外国株式店頭市場（CLOB International）を新たに創設した。これは，後に香港やフィリピン等の他の海外企業にも拡大して上場されるようになっている。またＳＥＳでは設立当初から信用取引，オプション取引も導入されている。

ＳＥＳ発足と同時に証券業法（Securities Industry Act 1973）が制定され，投資家保護など証券市場の規則がより厳密に整備されることとなった。一般に証券市場は発行市場と流通市場から構成される。シンガポールにおける発行市場は長い間国内企業の上場数が限定され，その多くはマレーシア及び宗主国などの外国企業による発行という形が続いた。これに関しては，経済発展に貢献する製造業は外資企業が大きいこと，また基幹産業は公企業であるため上場が限られていることが背景にあった。また流通市場においても，先進国でみられる機関投資家がほとんど存在していない。唯一存在する国内の機関投資家はＣＰ

Ｆであるが，これは株式投資を行わず，資産は国債を保有するのみである[14)]。このためシンガポールでは証券市場の規模が小さいことが問題点として挙げられてきた。

その後，1985年に起こったパンエル事件[15)]による株価暴落やマレーシアとの重複上場廃止は，本格的な市場改革と育成が要請される契機となっていく。特にパンエル事件は，先物取引において，ＳＥＳの仲介制度の仕組みとその取引の方法での弱点が晒されることになった。このため先物取引規制を含めた証券業法（New Securities Industry Act）が改正された。また証券業の監督強化をするために，同法に関する行政をＭＡＳに移管し，翌年に取引所内に監督・規制のための新委員会を設置した。さらに先物契約で混乱に陥った市場改革のために証券会社の最低払込資本金の引上げや地場銀行にＳＥＳの会員権取得の認可を実施した。この時期の金融改革の特徴は世界的潮流としての自由化を指向したものではなく，むしろ未成熟な市場の制度的整備を図ること，また金融システムの１つとしての健全性を保つために一層規制・監督を強化することであった。

1990年代に入ると，さらに経済の発展とともに金融市場や金融制度の高度化が要請されるようになった。特に証券市場の発展は経済の発展において重要な役割を果たすことが認識されたことから，政府は一層の改革を志向した政策を採った。まず取引所の近代化を図るコンピュータ決済制度の導入や国際化戦略としてＮＡＳＤＡＱ間とコンピュータ・オンライン・システムが稼働するようになった。これによりシンガポールの投資家は米国で取引されているアップル，インテル，マイクロソフト・グループエリクソンなどのＩＴ企業株を中心に売買できるようになった。近年では電子取引システム（ＳＧＸ－ＥＴＳ）導入で取引の効率化が大幅に図られている。

⑵　証券市場の国際化戦略

政府は取引所の国際化を早くから意識しており，国際金融市場としての発展も早くから志向してきた。ＳＥＳが創設された数年後の1978年には金先物市場

（Gold Exchange of Singapore；ＧＥＳ）を開設して先物取引が行われるようになった。さらに1980年代，ＭＡＳは金融の先物市場創設を目指し，シカゴのマーカンタイル取引所（Chicago Marcantile Exchange；ＣＭＥ）を模範にしてＧＥＳを国際金融取引所（Singapore International Monetary Exchange；ＳＩＭＥＸ）として1984年に改組した。このＳＩＭＥＸは，ＣＭＥとの間で相互決済システム（Mutual Offset System；ＭＯＳ）を導入したアジア最初の国際的金融先物市場として発展した[16]。

1990年代後半に入ると，金融セクターの成長率の鈍化から，将来の経済成長戦略の一環として金融市場・資本市場の更なる改革が掲げられ，ＭＡＳ主導により金融改革が推進されることとなった。1998年，当時のリー副首相（兼ＭＡＳ長官，現首相）はＳＥＳとＳＩＭＥＸの合併構想を明らかにした。これは，1998年年初にＭＡＳにより証券取引所のガバナンスに関する委員会の設置（Committee on the Governance of the Exchange；ＣＧＥ）が政府に提言され，1999年に報告書（Report of the Committee on Governance of the Exchange，ＣＧＥ報告書）のなかで公表された[17]。同年，ＳＥＳとＳＩＭＥＸは合併し，シンガポール証券取引所（Singapore Exchange：ＳＧＸ）として新たに設立された。現在ＳＧＸは証券（ＳＧＸ－ＳＴ）の他にオプション取引等を行うデリバティブ取引所（ＳＧＸ－ＤＴ）やＥＴＦｓ取引所（ＳＧＸ－Xtranet）が開設されている。特にこの合併は国際的資本市場の発展に向けての施策となった。ＳＥＳ上場の国内企業が限られ，ＳＩＭＥＸはアジア金融商品が脆弱であることから，統合により資本力の強化を図り，新規の金融商品の開発や専門性が高い金融技術者の育成・集積などによってグローバルな優位性を期待されたためである。

このようにシンガポールの資本市場は株式市場を中心として発展を遂げた。しかし一方で，債券市場は財政が恒常的黒字であり，またＣＰＦが資金残高の大部分を国債に投資していたことから，発行・流通市場ともに長らく低調であった。特に社債の現状に関しては，自国通貨建て社債は私募発行のみであり，一般企業の資金調達手法としては機能しているとはいいがたい状況であった。その多くは金融機関による発行であり，格付け機関も存在してこなかった。しかし，1997年の金融改革以降，国債発行による市場の拡大，国内外の発行環境の改善，債券発行に関わる専門家の育成や多様な投資家育成といった施策を中心に債券市場育成を図っている。具体的には，定期的国債発行の実施，政府公社債の発行増，外国法人へのシンガポールドル建て債券の発行許可などが施行された。

アジア諸国では工業化プロセスを経た後に実態経済を上回る金融・資本市場の発展がみられるが，近年金融相互依存関係がみられるようになっている。近年，ＡＳＥＡＮはじめとするアジア地域で域内経済発展における資本市場の役割とその連携の重要性が認識されるようになり[18)]，これを受けてＡＳＥＡＮ諸国での証券市場連携に向けた動きがみられるようになった。ＳＧＸでも2007年タイ・ベトナム取引所との業務提携を皮切にＡＳＥＡＮ連携に向けて動き出した。さらには世界的証券取引所再編の流れのなかで，2010年アメリカナスダックＯＭＸグループとの提携，ドイツのデリバティブ取引所ユーレックスとの提携，オーストラリア証券取引所買収，ロンドン金属取引所の提携など各取引所との戦略的資本・業務提携を開始している[19)]。特に，ＩＴ化によるグローバル戦略は国際金融市場へと発展するための布石の１つとなっている。2003年に導入されたＯＭＸ開発の取引システム「ＳＧＸクエスト」により，デリバティブ部門と現物株式部門の取引システムを統合しており，これは従来の「ＳＧＸ－ＥＴＳ」よりも大量取引が可能となっている。また政府は2010年に世界の金融ハブ都市間で高速の取引を実現する新情報化投資計画（ＲＥＡＣＨ）を公表した。これにより，シンガポールは各国金融都市の取引所との接続システムの強化，共有のデータセンターの構築を目指している[20)]。シンガポールにとって取引所改革は国家戦略であり，近年は各国共通プラットフォームを導入するなど制度の整備を行いグローバル化に対応している姿勢が窺える。

4　金融部門の成長戦略とファンド・マネージメント拠点化

(1)　ファンド拠点としての発展

シンガポールでは，1990年代後半に入ると経済発展を支えてきた製造業における競争力の低下が懸念されるようになってきた。そこで政府は将来に向けた新たな発展政策を模索し，長期的な国際競争力強化の視点から，1997年に通産省管轄でシンガポール競争力強化委員会（Committee on Singapore's Competitiveness）を設置した。同委員会には５つの小委員会が設けられたが，特に金融部門の国際競争力強化のために金融・銀行小委員会（Finance and Banking Competitiveness Sub-Committee）が設置された。この委員会の下で，1998年２月に金融部門の強化案である金融セクター再検討策（Financial Sector Review）が金融セクター検討グループ（Financial Sector Review Group；ＦＳＲＧ）によって公表された[21)]。この改革案は国際金融センターとしての位置づけを高めることを目的とされ，ＭＡＳを中心に株式市場，債券市場，デリバティブ市場における活性化のための多方面にわたる施策の実施が提案されている。またそれを実施するためにＭＡＳ内に金融セクター発展促進部（Financial Sector Promotion Department）が設置された。同報告書のなかの具体的改革案は，(1)ファンド・マネージメント，(2)リスク・マネージメント，(3)株式市場，(4)債券市場，(5)ベンチャー・キャピタル，(6)保険・再保険，(7)クロスボーダー・エレクトロニック・バンキングの７分野55項目に及んだ。そのなかで，特にファンド・マネージメント産業は成長戦略の要として位置づけられた。これに関しては，投資信託改革（信託法改正，税制改革），政府資産運用の民間委託，ＣＰＦの投資手法の多様化，ファンド・マネージャー育成などの強化策が打ち出されている[22)]。

同施策を受けて，アジアにおけるシンガポールの資産運用（Asset Under Management；ＡＵＭ）拠点としての役割が増してきている。その状況を以下にみていこう。図表２-１はシンガポールにおける資産運用業により運用された額（アドバイザリー，投資一任勘定の合計）の推移を示している[23)]。1993年末時

図表２－１　ファンドの資産運用額の推移

（単位：10億Sドル）

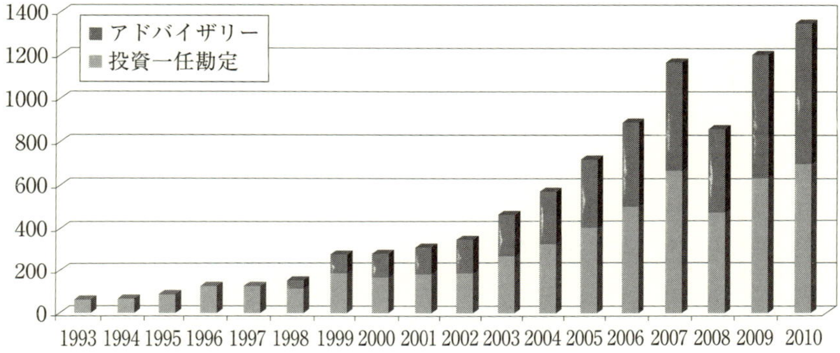

（出所）MAS, *Singapore Asset Management Industry Survey 2005, 2010*より作成。

点の金融機関によるＡＵＭ額は618億（シンガポールドル，以下Ｓドル）ドルにすぎなかった。また，同政策が提案された1998年末時点のＡＵＭ額は1,119億Ｓドルで僅かながら拡大傾向にあった。しかし，ファンドの育成政策が施行された後の2004年末時点のＡＵＭ残高は5,726億ドルと急増し，近年では二桁の伸びを示している。特に2010年度末時点では1.35兆Ｓドルと非常に高い伸びを示したが，これは前年末時点から12%増加であった。このようにＡＵＭ額は年ごとに増加する趨勢を表している。

またこれらの資金源に関して，シンガポールのＡＭＵ額の80%が海外からの投資資金である。2010年末時点での投資資金の地域はヨーロッパ８%，アメリカ７%，それと比較するとアジア太平洋諸国が60%を超えて最大となっている。従来，多くのヨーロッパ系金融機関がアジア地域資産の運用をシンガポールで伝統的に行ってきたが，近年は減少傾向にある。代わって，アジア地域の資金，なかでも中東諸国の関係の深さから石油関連の資金の流入が高い伸びを示している。運用資産のアロケーションとしては，従来から株式投資が半数を占めているが（その他に債券，キャッシュ，マネーマーケットなど），近年，僅かにオルタナティブ資産にもシフトしている。

さらに金融の人材育成の結果，シンガポールにおける近年の投資専門家

図表２－２　運用専門家の人数（1997-2011年）

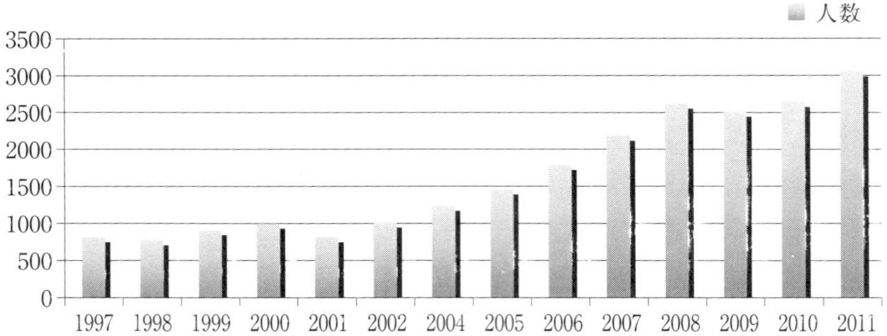

（出所）MAS, *1998 Survey of Fund Management Activities in Singapore, 1999 Survey of the Singapore Asset Management, Singapore Asset Management Industry Survey 2000-2011*より作成。

（注）運用専門家の内訳）1997年-2001年：ファンドマネージャー，投資アナリスト，2002年-2011年：ポートフォリオマネージャー，投資アナリスト，トレーダー，アセットアロケーター
＊2003年は統計なし。

（ポートフォリオ・マネージャー，投資アナリスト，トレーダー，アセットアロケーター／エコノミスト）の数は，年々増加し，1997年814人から2011年に3,052人となった（図表２－２）。上述したように，資産運用業務は国家の経済発展戦略のなかで推進されており，ＭＡＳの担当者は，アジアにおけるスイスを目指して各国の運用者と連携をとり，シンガポールに国外の資金を呼び込む努力をしていると言及している。特に1998年の金融改革の施策以降は，モルガンスタンレー，ＡＢＮアムロ，ディーンライターなど世界各国の運用会社が進出し，またあわせてファンド・マネージャーを呼び込むことで金融先端技術を持ち込むことが企図されてきた[24]。ＭＡＳはこの分野の人材集積を，ファンド拠点として成長するための重要な戦略としている。特に，この改革以降は，外資系金融機関の税制インセンティブ（Enhanced Fund Manager）[25]による積極的誘致，資本市場でのデリバティブ取引の多様化やプライベート・バンキングの拠点づくりなどとともに，金融部門に従事する人的資源の育成・集積は金融制度強化を図る１つの方向性となっている。この結果，シンガポールの資産運用拠点としての認知は高まり，アジアのなかでは香港に次ぐ資産額となってきている。

1997年に起きたアジア通貨危機は，アジア諸国の連鎖的株価下落による資本市場の落ち込みで資産運用が伸び悩む一因となった。シンガポールでの影響は少なかったものの政府は資産運用産業の更なる梃入れを行った。そのためのＣＰＦ投資スキーム（CPF Investment Scheme）により，ユニットトラスト（投資信託）の増加が企図された。特にＭＡＳは集団投資スキーム（Collective Investment Scheme；ＣＩＳ）により，国内での資産運用額を増やす施策をとるようになった。2002年のＭＡＳのＣＩＳ産業の調査によれば，2002年末時点でのＣＰＦ公認ファンドマネージャー（ＣＩＳマネジャー）が運用するユニットトラスト（CPF-Approved Unit Trust）は210あり，それ以外のユニットトラストは218であった。このスキームのもとで，ＣＩＳ資産は2001年の10.5億Ｓドルから2010年33億Ｓドルと増加している。それらＣＩＳ資産は株式ファンド，固定収益ファンド，バランスド・ファンド，マネーマーケット・ファンド，資本保証／保護ファンド，などである。近年では，全資産運用の７割がＣＰＦ投資スキームとなっており，その資産額の大きさと運用市場での重要性が指摘できる。

以上のスキームは政府による国民資産を増やすためのＣＰＦ資産（定年後に充当する強制積立年金）を活用する施策に沿ったものであり，証券市場の拡大を目指す目的で導入されたものである。また，これはＳＧＸ（当時ＳＥＳ）上場指定銘柄やユニットトラストを購入する資金にすることを認めた公認投資スキーム（Approval Investment Scheme；ＡＩＳ）である。この制度の導入後，公企業の民営化株式を購入する権利をＣＰＦ加入の国民に割り当てたことから，株式を購入する者が急増する結果となった。特にシンテル社（Singapore Telecom）の放出した株式が市場に与えた影響は大きく，人口の半数が購入したといわれる。このように証券市場での売買高を促進する効果をもたらし，民営化株を吸収する個人投資家の増大に一定の役割を果たした（第３章参照）。その後，さらに資産運用市場を拡大するために，政府は投資目的でこれを取り崩すことに関する規制を緩和し，より市場の発展が企まれてきた。

これは1998年の金融改革において，ＣＰＦの改革を実施していることからも窺える。ＣＰＦ積立金以外の資金を利用したＣＰＦ認可ユニットトラストへの

図表２−３　ヘッジファンド数（本数）

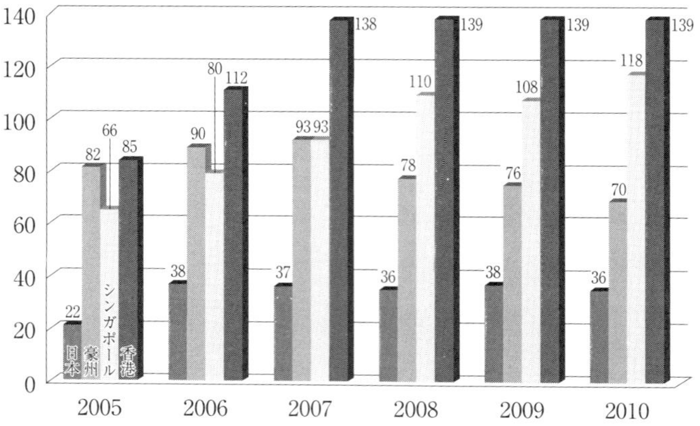

（出所）森祐司「シンガポールのヘッジファンド動向」『Economic Report』，大和総研，2011年５月，p.4.

投資認可（ＣＰＦ専用投資信託の投資ガイドライン・情報開示基準の改正），ＣＰＦ積立金で上場された外貨建て証券投資の認可，ＣＰＦ積立金によるシンガポール企業社債への投資認可，併せてＣＩＳマネージャーの選択基準の改正など投資方法の一連の改良がなされた。これらは，いずれも金融市場のファンドの底上げを目論んだ改革であった。前記したＣＰＦ積立金を利用した株式やユニットトラストを購入する制度と合わせてこれらにはシンガポール人ファンド・マネージャー育成の目的も背景にあるといわれる。また，以上の改革による同資金の拡大は海外の運用会社が進出する契機ともなっている。20大外資の資産運用会社はシンガポールのＡＵＭ額の４割を占め，産業の拡大に貢献しているといえよう[26]。

このファンド市場改革の流れはヘッジファンドの増加からも窺える（図表２−３）。現在シンガポールは運用拠点として世界において第６位の位置づけである（2010年末時点運用本数118本）。シンガポールでは，他のアジアのヘッジファンド拠点である日本や豪州と対照的に2005年頃から大幅に拡大してきている（2010年同国の運用額約107億ドルでアジアにおいて最大の市場である香港160億ドルの

７割程度であるが，香港に追随している)。これらは，先に見た金融の規制緩和やブティック・ファンド・マネージャー（ＢＦＭ）早期独立支援措置といったヘッジファンド誘致に力を入れた結果である。また金融派生商品取引所（ＳＧＸ－ＤＴ）の発展により，ヘッジファンドの運用手法の多様性も高く，なかでも株式ロング・ショートをはじめとする株式系の構成比が高いことがシンガポールの特徴である[27)]。商品取引にも早くから力を入れており，それがＣＴＡ／マネージド・フィーチャーズが実施される要因になっているとみられている。地理的優位性や派生商品市場の発展，税制の優遇などを活用したヘッジファンドの隆盛は，ファンド拠点としてシンガポールの地位を高めている。

(2)　金融市場と政府系ファンドの関わり－金融市場の振興政策

シンガポールには，シンガポール開発銀行（Development Bank of Singapore Group Holdings；ＤＢＳ）をはじめとして，ＣＰＦ，テマセク社，ＧＩＣの４つの公的金融機関が存在しており，それぞれの役割のもとに国民資産の運用を行っている。特に，ＤＢＳ以外の公的金融機関３行は国民金融資産を増やす重要な役割を担い運用を行っている。

年金基金であるＣＰＦの運用資金は国民の拠出金であり，将来の年金や退職金支払いとして安全性を守る意味からもシンガポール通貨建ての変動利付国債というローリスクの運用が中心となっている。資産の大部分は国債保有が中心であり，直接的な株式など証券投資は行われていない。その意味から，ＣＰＦは唯一の国内の機関投資家であるが，証券市場において主要なプレイヤーとしての役割を果たしてこなかった。しかしながら，前節でみたように，政府はＣＰＦ積立金を引き出して，ＣＰＦが認可したユニットトラストや株式に投資する制度を創出した。近年その投資先の拡大が図られており，変化がみられるようになった。シンガポールでは証券市場が独立前の早い時期に整備されていたが，その所有構造は法人，個人株主に勝ってノミニー（名義会社）の持株比率が多いという固有の特徴をもつ。そのノミニーの実質株主とは外国機関投資家と個人であり，シンガポールでは自国の機関投資家が極めて少ない状況がある。

また投資信託も育成されておらずに主要な機関投資家にはなりえていないという現状の中で，政府はＣＰＦを通した投資信託育成を行うとともに国民が株主となる政策を取ってきているのである。欧米諸国では証券・資本市場において株主としての機関投資家の役割が大きい。これらの市場を発展させ，厚みをもたせるためには，機関投資家の存在が必要となる。つまりＣＰＦ認可のユニットトラストの増大は個人資産を専門のファンド・マネージャーがリスク分散を図りつつ運用を行う機関投資家の増加となりうるものである。このことから，ＣＰＦの施策は内外ファンドと投資家を生み出す役割を果たしているといえよう。その背景には国内で育っていないファンド・マネージャー育成があり，また前記したようにその拡大により国外の資金運用会社が同国に進出する契機となっている[28)]。

またテマセク社に関しては民営化した政府系企業からの上場益や配当収益が原資であることからよりリスク性ある投資が可能になっている。ハイリスク運用でハイリターンを追求し，自己勘定の運用を行っている。これは国民資産を将来にわたり運用して国民に分配するという目的がある。一方，ＧＩＣは同じ投資機関でも原資が外貨準備であることから，その運用は安全資産の投資を基本としながらも，一部リスク性資産へ投資を行うという総体的にはミドルレベルの運用を目指している。この運用の目的に関しては，年々増大する外貨準備を将来に向けて運用を損失なく行うというものである。このことから双方の機関とも運用体制を強化する必要性がある。

この点に関して，上記金融政策との関連から公的金融機関の余剰資金の運用のために民間ファンド・マネージメント会社を活用することが決定されたことにみられる[29)]。それを受けてＧＩＣの運転資金のうち，100億Ｓドルから250億Ｓドルが民間のファンド・マネージメント会社に運用委託されることが決定した。また合わせてＭＡＳ資産は100億Ｓドルを運用委託されることとなった。この民間委託の背景には，公的金融機関の活性化とともに欧米諸国の金融機関の先端の金融技術の獲得を目指していると言われている[30)]。さらに留意できる点は，運用ノウハウの蓄積を目指すためにＣＰＦの資産運用の手法を多様化するという改革がなされ，またＣＰＦ資金を運用するファンド・マネージャーの資格の規制が緩和されるようになった。

このように，2000年前後にシンガポールでは金融制度の改革が図られるようになったが，そのなかで公的金融機関の資金運用を活用するといった重要な政策転換が図られた。それは，アジア諸国の競合的金融市場の出現などもあり，金融部門の競争力を高めるために資本市場の改革に乗り出すことになったためである。そのなかでも証券市場の活性化やファンド・マネージメント市場の拡大など資産運用ビジネスの強化が発展政策の中心におかれたのである。このようにシンガポールではアジアの金融センターとしての地位固めを行うために，政府が中心となって運用拠点としての環境づくりを推し進め，金融分野の人材育成や集積のための施策を積極的に開始した。その結果，1998年以降はヘッジファンド，ＰＥ（ファンドや不動産）などのオルタナティブ投資や富裕層向けプライベート・バンキング業務の増加とともに資産運用アドバイザーやファンド・マネージャーの急増をみた。また民間投資会社の誘致などにより運用部門が一層強化され，それにより株式，公社債，短期債，不動産など資産の投資活動が拡大している。この金融制度発展の施策から考え合わせると，シンガポールでは資産運用の制度化において政府系ファンドが一定の役割を果たしたといえよう。

5　結　　び

本章でみてきたように，シンガポールでは，独立後一貫して金融部門は重要な産業であり，その育成のために政府は協力に梃入れをしてきた。しかしながら1997年にアジア通貨危機を経験し，世界同時的な株価下落による時価総額や金融取引の減少により金融機能が低下するようになった。もとより，シンガポールは市場が狭隘であり，東京やロンドンの時価総額や取引高などの市場規模と比較すると優位性は高いとはいえない状況である。またオフショア市場開設により国内市場と切離したために，自国通貨建て金融商品が乏しく，外為市場は早くから成長したが，将来に向けて成長性が高い部門とは考えにくい状況である。さらに中国や後背地ＡＳＥＡＮ諸国の経済発展による金融部門の追い上げや競合も避けられない現状もあった。

そのため，シンガポール政府は金融部門の国際競争力をより強化するために，金融監督の緩和や規制緩和を断行するという金融改革に臨んだ。それは証券市場の整備・育成，イスラム金融の取込み，銀行業の規制緩和やファンド拠点化戦略と広範囲に及ぶものであった。特に，ヘッジファンドをはじめとしたファンド産業の育成や運用の拠点化や富裕層のプライベート・バンキング業務は，狭隘なシンガポール市場を補うための次なる金融部門を牽引するコア産業となりうるものである。本文で見たように，政府系ファンドの運用能力の強化とも相互に影響を与える政策となっている。また資本市場の活性化のために機関投資家は重要であり，ファンド育成はその目的にも合致する。これらの点は，金融部門強化という産業政策と政府系ファンドといかに関わっているか次章以下に検討されることとなる。

2012年３月に公表されたイギリスの金融センターによる国際競争力を示す国際金融センター指標（Global Financial Index）は，シンガポールはロンドン，ニューヨーク，香港に続き世界で４位にランクキングされている[31)]。つまり，政府の金融市場の整備・強化施策が奏を効しているといえよう。また今後は金融の世界的再編やグローバル化はより加速すると思われ，政府の指向する国際的な資産運用の拠点化政策はより重要になるであろう。

（注）

１）拙稿「３シンガポールの企業改革と資本市場」，丑山優・小松章編，『現代企業の財務戦略』2003年，pp.263-279.

２）初期の商業銀行に関しては以下に参照。Tan Chwee Huat, *Financial Markets and Institutions in Singapore*（*7th edition*），1989, Singapore University Press, pp.23-25. Saw Swee-Hock（edited），*Investment Management in Singapore*, Longman Publishers, 1990,

３）地場事業家は外為取引に関しては外資銀行，それ以外の取引においては出身地方の地場銀行を利用した。

４）独立以前のマラヤ・イギリス領ボルネオ通貨委員会により発行されていた旧通貨からシンガポールドルに変更した。

５）シンガポールの銀行は，「銀行法（Banking Act 1970）」（1967年施行，1970年改正）により規制を受ける。商業銀行の免許制は，以下のとおりである。フル・ライセンス（full licence）は全てのリテール，ホーセール銀行業務が可能になっている。リストリクテッド・ライセンス（restricted licence）は定期預金の受入れ額制限や支店増設が行えない等の制限がある，またオフショア・ライセンス（offshore licence）は外為取引とＡＣＵの取り扱いが中心となり，預金受入れはできず，また国内貸出しにおいても上限が設けられている等厳しい制限がかけられている。

６）Tan Chwee Huat, *Financial Markets and Institutions in Singapore (10th Edition)*, Singapore University Press, 2004, pp.63-66.

７）*Ibid.*, pp.345-358.

８）国内市場はＡＣＵ勘定取引と切離されたため，法人税優遇など様々なインセンティブが付与されている。

９）Tan Chwee Huat, *op.,cit.*, 2004, pp.193-206.

10）杉江雅彦編『アジアＮＩＥｓの金融・証券市場』晃洋書房，1991年，pp.151-154.

11）ジェトロ（http://www.jetro.go.jp/world/asia/sg/trade_04/）[2012/4/25]

12）Saw Swee-Hock, *op.,cit.*, p.65.

13）取引所は自主ルール，法律や規制をもち，メンバーシップの要求や行為を規制するために財務大臣の認可によって制度化されている。

14）国民預金の大部分を吸収してきたＣＰＦの存在が保険会社，投資信託や民間年金ファンドなどの機関投資家の育成を制約してきた。しかし，ＣＰＦ自体は運用資産を国債で保有をしており，株式投資を行っていない。

15）先物契約の大規模取引を行っていたパン・エレクトリック社が銀行融資の債務支払い不履行によって株が低迷した事件。

16）Tan Chwee Huat, *op.,cit.*, 2004, pp.313-344.

17）ＳＥＳ創設25周年記念晩餐会席上において，リー副首相が行ったスピーチで明らかにされた。SES, *Report of the Committee on Governance of the Exchange*, 18 January 1999. 両機関は株式会社組織に変更されて，持株会社ＳＧＸ傘下に入った。株主は，従来の会員企業が株主に代わるほかに公募される一般株主，金融機関などの戦略的株主から構成される。またシステムの統合が実施された。

18）2005年４月ＡＳＥＡＮ財務大臣第９回会合において，2010年までにＡＳＥＡＮ域内における証券取引プラットフォームの構築と上場基準の共通化など市場のアクセス環境を整備し向上させる「相互に接続されたＡＳＥＡＮ証券市場」が合意された。

19）ＳＧＸは欧米先進国取引所が世界的に再編するなかで「ASEAN Trading Link 構想」による東南アジア資本市場統合やロンドン取引所などと業務提携を開始している。

20）その後，ＳＧＸは「ＳＧＸリーチ」という大量・高速取引を可能にする新取引システムに更新したが，これにより各国金融都市にデータセンターを置いてＳＧＸリーチを通した取引を行っている。日本経済新聞 2011年１月20日。

21）MAS, "Financial Sector Review：A Round-Up & Next Steps Financial Sector Review Group（FSRG）Appreciation Dinner", November 1998.

22）MAS, "Asset Management in Singapore：Laying the Groundwork for Long-Term Success", March 1999.

23）ＭＡＳ調査による統計。MAS, *2002 Survey of the Singapore Asset Management Industry*, 2003., MAS, *2010 Singapore Asset Management Industry Survey*, 2011.

24）*Ibid*.

25）少なくとも50億Ｓドル以上を運用する外国ファンドの収益に対する税控除スキーム。MAS, "Opening Remarks by Dr. Richard Hu, at the Official Opening of Morgan Stanley Dean Writer's New Office", November 1998.

26）MAS, *op. cit*., 2011, p.5.

27）森祐司「シンガポールのヘッジファンドの動向」『Economic Report』2011，大和総研，p.4.

28）丸淳子「アジアの株式市場の成長と機関投資家の役割(2)」（http://www.ier.hit-u.ac.jp/COE/Japanese/Newsletter/No.7.japanese/maru.html）[2011/11/25]

29）MAS "Developing Singapore as one of Asia Premier Financial Centres-Building the Treasury, Capital Markets and Asset Management Industries", November 1998.

30）松井謙一郎「シンガポールの国際金融センター戦略とＳＷＦ（ソブリン・ウェルス・ファンド）～対外純債権国にもかかわらず所得収益は赤字の問題～」Newsletter,（財）国際通貨研究所，2008 年２月６日。

31）Financial Centre Futures, *The Global Financial Centres Index 11*, March 2012, p.5.（http://www.longfinance.net/Publications/GFCI% 2011.pdf）[2012/4/25]

第Ⅱ部

シンガポール政府系金融機関の形成と発展
―政府系ファンドへの変容

第3章

テマセク社の生成・発展過程と民営化政策

1　はじめに

シンガポールでは，独立直後から経済推進を果たすために公企業が設立され，企業性を追求した経営体として経済成長に大きく寄与してきた。それは国家開発計画のもとで公共サービスはもとより社会インフラ整備や産業育成の役割を担い，さらには本来民間部門が担うべき製造業やサービス業といった分野，特に民間参入が困難である高リスク事業等にまで至っている。これによって，公的部門に過度に依存した経済体制が形成され，結果的に脆弱な民間部門に対し，公企業があらゆる産業で優位性をもつという偏った企業構造を現出することとなった。これら公企業群の中心となるのが国家持株会社であるテマセク社であり，傘下に収める企業はいずれもシンガポール経済の基幹産業企業である。また同社は優れたモニタリング能力をもってシンガポールの代表的企業を多数傘下におさめ，政府の意図を反映させた経営戦略をもつ政府機関である。

しかしながら，こうした公企業優位で発展してきたシンガポールにおいても，民営化の流れが見られるようになる。1985年著しい経済不況に陥った事態を契機にして民間部門の育成を目指す政策転換が図られていく。それは後年「ダイベストメント（公共部門払下げ）委員会」により具体化された公企業の株式放出による民営化政策であった。

この後に民営化が本格的に施行されるようになったが，これまでに経済開発の推進機関として中核にあるテマセク社の実態に関しては明らかにされていない点が多い。また同社が株式放出をする意図，また株式放出によって生じた所有構造や支配力の変化については既存の民営化における研究蓄積からは明確にされていない[1)]。そこで本章では，従来明らかにされてこなかったテマセク社支配の変容を視角として，株式放出状況をサーベイすることから民営化政策の一側面を検証することを課題とする。まずシンガポールの企業構造を理解するために，公企業が形成され公的支配力が大きくなった経緯と現状を歴史的に位置付け，その中心的存在であるテマセク持株会社の運営方法を検討する。その後，実施経過を跡付け，あわせて市場売却を推進させた政府の振興政策とその結果についてみていく。それらを踏まえたうえで株式売却のあり方について検証し，また売却の結果として公的部門の支配の維持，つまりテマセク社が民営化企業に対して何らかの関与を行っているかについて明らかにしていく。

2　公企業の形成とテマセク社の役割

(1)　公企業の形成過程

公企業の萌芽は，1960年代にマレーシア連邦から分離・独立した時期に政府が直接もしくは間接的に経済に関与したことに始まる。イギリス植民地統治下シンガポールは，中継貿易港として位置づけられ，また移植してきた華僑も貿易，商業，金融業およびマラヤ半島の地場産業ゴム・錫業に主に従事してきたため軽工業以外の製造業が著しく欠如するという経済構造が創り出されていた。この時期はマラヤ連邦との共同市場の喪失，世界的大恐慌，中継貿易減退，さらには人口増加に伴う失業問題や国内生産に寄与してきたイギリス駐留軍撤退による経済の沈滞化といった内外の経済環境の変化が生じ，貿易に過度に依存した経済構造を改革する契機となっていった。

本格的経済改革の始動は，自治政府（リー・クァン・ユーを党首とする人民行動党［People Action Party： ＰＡＰ］）成立後のことであった。政府は工業化推進にあたって世界銀行に勧告を求め，国連経済調査委員会のウィンセム（A. Winseum）

に調査を依頼した[2)]。1960年国連報告書の結果は，中継貿易及び金融業に依存する経済構造から工業開発計画の企図を勧告し，また製造業育成において政府が特別の役割をもつことの重要性を結論づけたものであった。

同報告書を受けて，政府は，間もなく61-64年国家開発計画（1961-1964 State Development Plan）を公表した。経済開発庁（Economic Development Board：ＥＤＢ）の設立を通して，民間企業にとって製鉄業や造船業等のリスクを取れない産業分野やインフラ整備等への投資を開始した。同時に，産業施策として輸入代替工業化政策を展開し，強力な政府主導の開発体制を確立することで雇用機会を創出し，製造業育成のための産業再編を行うようになっていった。

1960年代末になると，輸出指向型工業化へ移行する戦略の１つとして，政府機関の専門的再編の試みがなされていく。1968年，政府はＥＤＢの組織再編を行い，その投資の役割は財務省に移管した。最初に，工業部門融資をシンガポール開発銀行（Development Bank of Singapore：ＤＢＳ）に引き継がせ，工業推進をするために低金利の長期融資と民間資本の株式を一定程度取得する役割を与えた。また海外市場と安価な天然資源の獲得を目的として，輸出促進部門を独立させた国際貿易公社（Intraco），翌1969年は貿易の便宜を図るためにネプチューン・オリエント・ライン社（ＮＯＬ）を設立した。さらにシンガポール港湾局再編によりケッペル・コーポレーション，イギリス海軍工廠を引き継いだセンバワン・シップヤード社やケペル・シップヤード社，また防衛上の目的をもってシンガポール・テクノロジー・エンジニアリング社（ＳＴＥ）などの政府出資会社を産業政策に合わせて多数設立していった。

また，一方で教育制度の整備や国民に住居を充当するための住宅開発公社（ＨＤＢ）設立，ジュロン工業団地造成など社会資本形成のために公共企業体が形成された。この他にもＤＢＳ社の工業施設部門を引き継いだジュロン開発公社，国家生産性センター，工業産業開発局，シンガポール標準工業研究所などを設立している。それら政府出資会社や公共企業体とも戦略的部門は全て財務省が100％直接所有を行い，その下で法人化されたものであった。

以上の経過を辿り，公的部門は民間部門の脆弱性を補いながら次第に肥大化し，電力，ガス，水道といった伝統的公共事業はもとより，本来，民間が担うべき製造，サービス業の分野にわたって存在するようになった。1974年には，これら公企業は，それらをモニタリング，評価する目的で政府から切離されて設立されたテマセク持株会社（Temasek Holdings Pte.Ltd.：ＴＨＬ）のもとに次第に移管され，財務的にも集中管理されるようになっていった。

これらを分類すると，政府省庁の一部として運営される官庁企業，政府の直轄機関であり個別の設立法によって設立される独立法人の公共企業体（statutory boards），政府と公共企業体の出資で会社法に基づいて設立される政府出資会社（Government Linked Companies：ＧＬＣｓ）に分けられ，図表３-１に示されるように階層的に構成されている。まず最高レベルには国家が100％出資する３つの持株会社，財務省管轄のテマセク持株会社，国防省管轄のシンガポール・テクノロジー持株会社（Singapore Technology Holdings Pte.Ltd：ＳＴＨ），国家開発省管轄の国家開発持株会社（Ministry of National Development Holdings Company：ＭＮＤＨ）がある[3)]。これらは傘下に部分的所有もしくは完全所有するＧＬＣｓをもち，さらにそのＧＬＣｓが傘下に多数の子会社を所有するというような何重もの階層的形態をとっている。1994年時点でのＧＬＣｓと公共

図表３-１　シンガポール公企業組織図

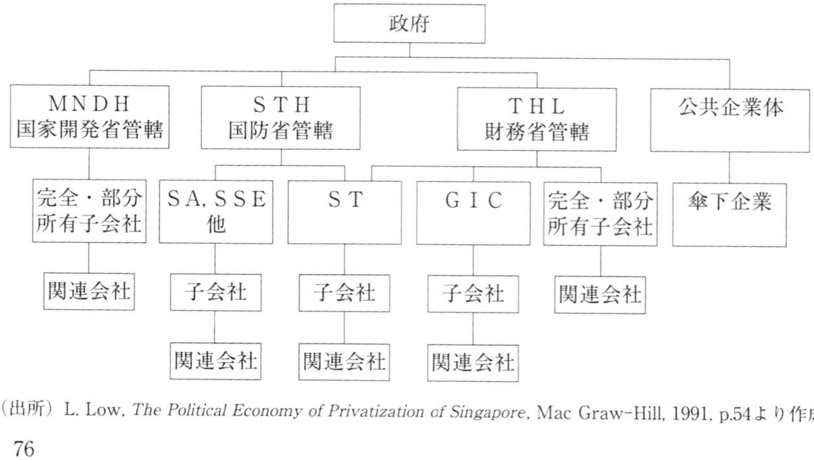

（出所）L. Low, *The Political Economy of Privatization of Singapore*, Mac Graw-Hill, 1991, p.54より作成。

図表３−２　ＧＬＣs数（1994年と1996年）

持株会社／公共企業体	子会社		関連会社	
	1994	1996	1994	1996
省／持株会社				
テマセク持株会社（ＴＨＬ）	34	21	314	286
ＳＴ持株会社（ＳＴＨ）	5	7	89	113
ＭＮＤ持株会社（ＭＮＤＨ）	1	1	59	45
ＨＣＳ持株会社（ＨＣＳＨ）	7	8	0	0
情報芸術省	0	1	0	0
公共企業体				
民間航空庁	2	2	0	3
経済開発庁	1	1	8	5
住宅開発庁	4	4	5	6
ジュロン開発公社	9	9	5	0
土地輸送局	0	1	0	0
国家芸術諮問会	1	0	0	0
国家コンピューター庁	3	3	0	0
国家科学技術庁	1	1	0	0
ナンヤン工科大学	0	2	0	0
シンガポール大学	10	10	16	23
郵便貯蓄銀行	1	1	4	4
公益事業庁	2	1	0	0
シンガポール放送協会	5	0	0	0
セントーサ開発公社	1	1	0	0
ＳＣＯＲＥ	0	1	0	0
生産性・標準庁	0	1	0	6
観光促進庁	5	3	0	0
シンガポール通信庁	1	2	0	0
商業・産業保障公社	4	5	0	2
貿易振興庁	1	1	13	7
都市再開発庁	0	1	0	0
合　計	98	88	513	500

（出所）L. Low, *The Political Economy of A City-State*, Oxford University Press,1998, p.163を修正加筆。

企業体の総数は610社に及んでいたが（図表3－2参照），次第に整理・統合され再編が進んだ。このように経済発展を一手に担い発展したきたＧＬＣｓは，資本支出や雇用において経済に重要な影響を及ぼし[4)]，主要産業を独占することで競争上優位に立ってきた[5)]。

(2)　テマセク持株会社

３つの持株会社の中でもテマセク持株会社は主要産業にある企業グループを傘下に擁し，同国経済に際立ったプレゼンスをもつ。同社は既述したように1974年財務省が100％所有する持株会社として設立され，国内だけに留まらず，海外市場においても積極的に投資を行っている。図表３－３のように，国内では港湾（ＰＳＡ），海運（セムコープ・マリン），船舶（ＮＯＬ），空運（ＳＩＡ），通信・メディア（シンテル），金融（ＤＢＳ），電力・ガス（シンガポール・パワー），テクノロジー（セムコープ・インダストリー），陸運（ＳＭＲＴ）といった広範な産業分野における企業に直接的，もしくは間接的に投資を行っており，これらはＴＬＣｓ（Temasek Linked Companies）と呼ばれる。

またシンガポール・テクノロジー持株会社からテマセク持株会社傘下に戦略的に移管したシンガポール・テクノロジーズ社（Singapore Technology Pte. Ltd）

図表３－３　テマセク持株会社の組織図（2001年時点）

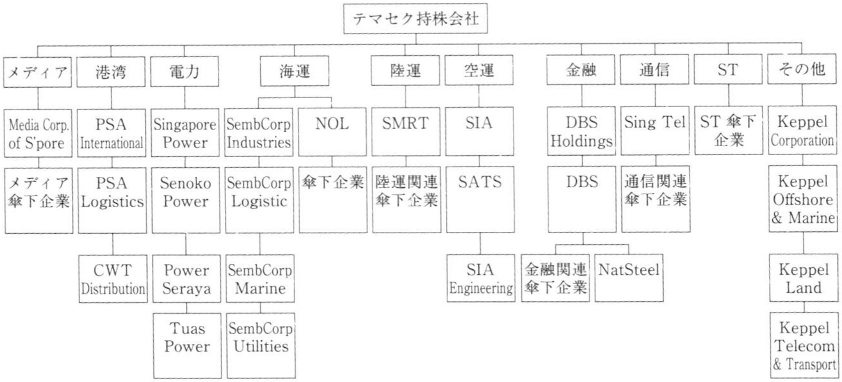

図表３-４　シンガポール・テクノロジー社の組織図（2001年時点）

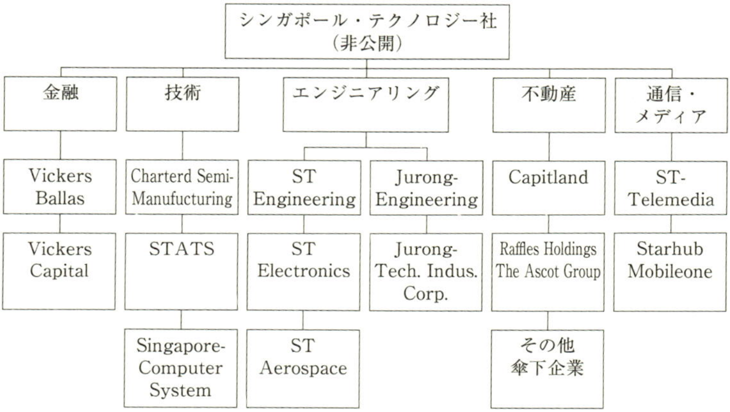

は，図表３-４にみられるように，金融，不動産，エンジニアリング等の産業を擁する多角的企業グループを形成しており，近年では同社の傘下企業も株式放出の中心となっている。

これらＴＬＣｓはシンガポール経済の主要産業を独占し資産規模も大きく，図表３-５のように，上場されると証券市場でのインパクトがかなり大きい。その時価総額は上位20社の半額近くを占めることも多く，市場における民営化企業の影響力の大きさが窺える。

このようにシンガポールの経営黒字公企業の大部分を担うテマセク社の経営方針は，一貫して公企業の「企業性」側面を重視しており，派遣した取締役や経営者の経営能力を厳しく要求し，経営効率を追求するスタンスを取っている。その経営目標には，(1)グローバル市場におけるリーダーシップ，(2)高利益率の維持，(3)株主価値の増大，を掲げ民間企業と変わらない利益重視経営を維持している[6]。また取締役会は，公企業取締役員（４名），政府官僚（４名），民間取締役員（２名）の10名から構成され（図表３-６），この公的権限が強い組織で決定された企業戦略―ＴＬＣｓへ取締役派遣，再編，Ｍ＆Ａ，合理化等―によって傘下企業の経営に関与してきた。

図表３－５　時価総額上位20社（2001年８月31日）

企業名	時価総額（100万S$）	企業名	時価総額（100万S$）
1　シンテル	31.135	11　チャータード	6.388
2　ＤＢＳグループ	16.671	12　ジャーデン・ストラテジック	5.146
3　ＳＩＡ	14.618	13　ケッペル・キャピタル	5.007
4　ＯＣＢＣ	14.141	14　グレート・イースタン	4.901
5　ＵＯＢ	11.792	15　キャピタランド	4.582
6　ＯＵＢ	9.618	16　シティ・デベロップメント	4.045
7　ＳＴエンジニアリング	7.305	17　シャングリラ・アジア	3.251
8　ＳＰＨ	7.245	18　データ・クラフト	2.867
9　ホンコン・ランド	6.970	19　ベンチャー	2.680
10　ジャーデン・マゼソン	6.561	20　ケッペル・コープ	2.450

（注）網かけ部分：テマセク社傘下企業（ＴＬＣｓ）。
（出所）Singapore Exchange Limited, *Companies Handbook*, 2002, p.32より作成。

図表３－６　取締役（2000年時点）

役職	名前	兼任役職
会長	S. ダナバラン	ＤＢＳホールディング会長
副会長	クワ・チョン・セン	エクソンモービルアジア会長
	リム・ション・グワン	大蔵省事務次官
取締役員	シム・キー・ブン	首相顧問委員会員
	フォック・シィウ・ワー	フレーザー＆ニーブ社副社長
	コー・ブーン・フィー	シンガポールエアライン会長
	クア・ホン・パク	デルグロ社ＣＥＯ
	リム・チー・オン	ケッペル社会長
	ホー・チン	テマセク持株会社重役
	ン・コク・ソン	政府投資会社社長（公共市場部）

（注）網かけ部分：民間企業派遣取締役。
（出所）Temasek holdings（http://www.temasekholdings.com.sg/organization-01.htm）.

実際のＴＬＣｓに対するスタンスは，株主としての人事権の行使である。日々の経営業務には関与はせず，傘下企業の各取締役会の自律性を強調しているが，各企業の持株数に応じて取締役を派遣している。テマセク社にとって，株主重視の経営を行うために取締役の質の強化と自律性の確立が最大の課題となっており，それゆえに取締役には民間企業からも積極的に人材を登用している。2000年時点の平均取締の規模９名に対して公共部門からは２名となっており，民間部門の人材を積極的に登用しているのがわかる[7)]。

後節で検証するように，同社は多数の民営化企業や非上場企業の筆頭株主であるが，株主としての立場や責任を明確にしている。基本的には政府直轄の投資機関であることから，政府の基本方針が直接反映されるが，特に経営モラルの側面を重視し，同社取締役員はコーポレートガバナンスと情報開示の制度化の重視に言及している[8)]。それに伴い，1999年，出資比率20％以上に及ぶ傘下企業の人事方針の転換を公表した[9)]。それは，ＣＥＯとＣＯＯ機能の分離，会長，取締役の任期制導入，取締役兼任の制限，経営指標にＥＶＡを導入していくというものである。これらは民営化で増加してきた海外投資家を含めた他の株主に配慮を示したものであった。通常，公企業は公共性と企業性という背反する側面をもつが，シンガポールでは政府方針により商業的効率が公企業の重要課題であり，限界費用の原理や財務目標の設定，戦略的投資など財務的追求を強調している[10)]。また期待される収益が上げられなければ，清算もしくは売却されている[11)]。

このようにシンガポールの公企業は利益ベースの経営を特徴としているが，一方で民間部門からの批判を常に生み出してきている。近年の国会審議においてもＧＬＣｓの功罪をめぐる議論が展開され，ＧＬＣｓの拡大が民間企業のリスクを負う気概を奪い中小企業を圧迫していると指摘された。これに対し，政府側はＧＬＣｓが雇用創出など経済発展に貢献してきたと反論し，その正統性を主張している[12)]。このように長期にわたる政府の事業への介入の大きさは，公共政策に対する規制緩和とともに常に議論の対象になっている。これを受けて，政府は「テマセク憲章（Temasek Charter）」[13)]において，防衛等の国家戦略的要因がある企業以外のさらなる株式売却を公表した。

3　民営化政策[14]の展開

(1)　民営化の道筋

政府による市場への介入は，経済開発の視点から正当化され，公企業という形をとって公益事業から民間の分野に至るまで広範に現れるようになった。本来，それは雇用の確保，所得再配分，幼稚産業の育成などの社会目的をもつことが多い。先進国では歴史的に多くの公企業が設立されてきたが，アジア諸国においても，植民地経済から国民経済を形成し発展させていくために開発独裁の典型として，あるいは民間部門代替として，それぞれの経済に重要な役割を果たしてきたのは指摘されるところである。

しかしながら，1970年代に入ると，このように公企業が一定の役割を果たしてきた状況に反して，先進国では財政，経常収支赤字や公企業の非効率性の問題が表面化してきた。イギリスで世界に先駆けて経営効率を目的とした公企業改革がサッチャー政権下で実施されて以来，規制緩和や民営化問題の議論は世界的潮流になっていった。この流れはアジア諸国においても散見されるようになってきている。近年，公企業が必ずしも経済発展に寄与しないばかりか，元来の社会的目的を達成し得ない場合も見られ，公企業を再検討する議論のなかで民営化が提起されたのである。拡大傾向にあり続けたアジアの公企業も，1980年代に入ると縮小するようになってきた[15]。

シンガポールの場合は，独立以降比較的順調に経済発展をしてきたが，1985年に経済の不況を経験した。このことから政府は，同年の予算演説において，偏った企業構造を認識し，これまでの政府の大規模な経済介入から経済成長の主軸としての民間部門の育成を図ることを公表した[16]。こうした見解から，政府は，同年設置された「経済委員会」の報告書（Economic Committee Report：ＥＣＲ）において，民間部門を拡大するための規制的環境の緩和を公表し，また翌1986年「公共部門払下げ委員会」（Public Sector Divestment Committee：ＰＳ

ＤＣ）による『公共部門払下げ委員会報告書』（ＰＳＤＣ報告書）において民営化案を具体化した。シンガポールで採られた民営化の特徴は払下げ（divestment），つまり公企業の所有権の民間への移転という意味合いを強くもつ[17]。このダイベストメントとは，公企業の上場とともに，株式持分の市場での売却であり，公共部門から民間部門への資本の移転（売却）を意味する。それゆえに公的部門の縮小へと繋がり，公的部門の所有比率や政府の介入の程度が民営化の検討課題となる。また民営化と定義するためには，政府からの完全な自律が必要となるが，民営化を遂行した多くの国の事例では，民営化政策が施行された後においてさえも政府の支配権が維持される現状がある[18]。シンガポールの民営化は，政府持株会社であるテマセク社傘下企業の株式放出を中心として施行されているのを特徴とする。以下に株式売却がどのような経過をもち，如何なる影響を市場に与えたかに関してみていく。

⑵　民営化の実施過程と売却方法

シンガポール政府が採った民営化は，公企業の株式売却によるものであった。その売却方法は株式市場での売却が中心である。ほとんどの場合，新規公開（Initial Public Offering：ＩＰＯ）時は公募（public offering）という形をとり，その場合は，確定価格で募集される「確定価格」方式と「入札」方式がある[19]。その他に増資時は①株主割当（right issue），②私募発行（private placement）に分類できるが，場合により③経営陣による買上げ（Management Buyout；ＭＢＯ）もみられる。また公募において応募超過となった場合，公開抽選の形を採る場合が多々みられる[20]。以下に，テマセク社における具体的実施状況と売却の方法について，跡付けてみる[21]。

まず民営化の動きは1980年ケッペル・コーポレーション，1981年ＮＯＬ社が上場されたことに始まった。1985年，国立大学病院の株式会社化，同11月にシンガポール航空（ＳＩＡ）の株式公募（１株５Ｓドル約１億株）が発表され，12月にはＳＩＡ株式がメイン・ボード（第一部取引所）で上場された。その発行価格は4.70Ｓドルであった 。またＳＩＡ社に関してはゴールデン・シェア１株の発行をしている[22)]。

1986年には，ナットスティール国家製鉄会社上場，ユナイテッド・インダストリアル社，資源開発公社株式が上場された。また1987年にはＳＥＳＤＡＱ（第二部取引所）が開設され，シンガポール・ナショナル・プリンター社が上場した。

1999年には，ＴＬＣｓのなかで幾つかの中核的企業が売却を進めた。センバワン・マリタイム社（セムコープ・ロジスティック社に改名—参加者17万8,627人，倍率93.3倍，額面１Ｓドルの株4,050万を1.80Ｓドルで発行。申込金は68億500万Ｓドル），ジュロン造船所（セムコープ・マリン社に改名—新株400万株を含む5,000万株発行，額面１株50セントを1.50ドルで公募し，145.7倍の31万7,091人が65億6,000万株，98億3,000万Ｓドルの応募），ＤＢＳランド社（株式１億5,000万株を公募，応募は7.5倍で20万5,568人，10.6億株，14.3億Ｓドル）が抽選による売却を果たした。

さらにＮＯＬ社，センバワン造船所は，株式の一部を公募し，ＤＢＳとケッペル造船所は社債の株式転換を通じて民営化を推進している。

政府はさらにＴＬＣｓの保有株の比率を今後，積極的に切り下げていくことを公表し，外国投資家への売却も推奨した。なかでもＳＩＡ株式所有を数年に渡り５-10％ずつ減らし，現在の所有比62.9％を30-35％まで削減すると公表している。それに従い，第２次公募（87年，3,000万株，１株14Ｓドル，7,228人が4,628万株，６億1,000万Ｓドルを応募）が実施され，所有は55.5％にまで低下した。また1988年，シンガポール石油化学社とその関連会社４社の株式がシェル社等の外資に売却された。

1993年10月のシンテル社（Singapore Telecom：Sing Tel）の上場は，それまでの証券市場最大の上場会社であるＳＩＡ社を凌ぐ最大のものとなった[23)]。その公募は，予定された11億株の3.5倍増の37億6,000万株に上り，売り出された株は３種類に分けられた[24)]。グループＡ株は中央積立基金（Central Provident Fund：ＣＰＦ）という強制国民年金機関の成人加入者を対象に申込者全員に割当てが保証され，申込み上限が600株で価格は1.90Ｓドルであった。購入代金はＣＰＦから引き落として決済され，６年間一度も売却せず保有しつづけると

100株につき40株の無償プレミアムがつく。グループＢ株は全ての成人国民を対象にされ，抽選によるため申込数は保証されず，上限1,000株で価格は１株2.00Ｓドルであった。その購入は現金か政府指定の金融機関「ＣＰＦインベストメント口座」によって決済される。グループＣ株は一般国民と外国の個人・機関投資家を対象とし，1,000株単位で上限はない。価格は入札により決定され，入札価格以上の申込者が取得できるというものである。競争入札の結果，価格は3.60Ｓドルに決定し，それが上場価格となった。

1994年には通信・メディア事業のメディアシンガポール社の株式会社化，また同年10月シンガポール放送協会（ＳＢＣ）の民営化が実施され，テレビジョンシンガポール社をはじめとする３社に分割された。1995年は電気事業のシンガポール電力，トゥアス電力，また公益事業庁（ＰＢＳ）が株式会社化されている。さらには，2001年にエネルギー市場局は，エネルギー市場の規制緩和が順調に進められる状況をみながら，2004年にエネルギー３社（gencos）のトゥアス，セコノ，セラヤ各社を売却していくと公表している。しかし，1997年に株式会社に改組された港湾庁（ＰＳＡ）は，2002年ＩＰＯの延期が公表されている。このように民営化は一進一退しているが，通信・メディア，電気，ガスといったこれらの公益３事業は今後民営化が最も期待される分野となっている。

1998年，政府は10億ＵＳドルのゼロ・クーポン債を発行し，3.38Ｓドル475百万株のシンテル社株式の交換を可能にした。また1999年９ＵＳドルのマルチカレンシー・ゼロクーポン債を発行し，ＤＢＳ社の普通株式への交換を可能とした。また同年，チャタード・セミコンダクター・マニュファクチャリング社が上場された。引き続き，2000年は，地下鉄のマス・ラピッド・トランジット社（ＭＲＴ）が上場[25]，またＳＮＰ社の全所有49％はシンガポール・テクノロジー社の子会社シンガポール・テクノロジー・インフォメーションシステム社に売却された（2,800万株1.31Ｓドル，ワラント840万0.43Ｓドル売却総額４億300万Ｓドル）。さらに2002年ナットスティール社の持分7.9％は98ホールディング社に売却（2.05Ｓドルで売却総額75億2,400万Ｓドル）された。さらに同年，クラウン・セントラル・アセッツ社からＭＢＯの申し出（35億Ｓドル）を受けている。

以上の実施された民営化から検討すると，まず株式会社への組織変更がはかられるが，ＧＬＣsの多くは株式会社として設立されているものも多く，上場・売却は比較的容易になされている。その方法はメインボード（ＳＥＳＤＡＱ公開企業は少ない）での公募を中心に，ケースにより抽選，一般競争入札形態の売却が図られている。市場外での売却，ＭＢＯは少なく，特定企業などへの割当てや株主割当は増資も場合によりみられる。このように株式市場での売却が積極的に推進されたが，その背景には，市場売却を活性化させるための制度が政府によって講じられていた。

(3)　政府の株式売却振興策－ＣＰＦ投資スキーム

シンガポールでは，1955年に定年後の年金に充当するために労働者，雇用者双方の強制積み立てを行う中央積立基金（ＣＰＦ）が形成されている。ゴー・チョク・トン（Goh Chok Tong）政府は国民の資産を増やす方法の１つとしてＣＰＦ資産を増やすことを主張しているように，同国でのＣＰＦの役割は大きい[26]。政府は株式を普及させるために国民に対して，ＣＰＦの株式投資目的の取り崩しに関する規制を緩和し，後に株式購入の資金源にすることを認めた公認投資制度の設定を決定した。

ＣＰＦ資産を証券投資に認可する制度[27]は，最初，1978年ＳＢＳ（Singapore Bus Services）スキーム株の購入推奨により開始された。これは，加入者が同社の株購入のために5,000Sドルを引き出すことを可能にした制度であり，その株式は取引所で売買できる。もし売却した場合はキャピタルゲインを獲得できるが，投資元本はＣＰＦに返還しなくてはならないというものである。1986年５月ＣＰＦ改正法案により，公認投資スキーム（Approved Investment Scheme：ＡＩＳ）として制度化され，上場株式と転換社債のうちで，ＣＰＦの認可する株式である信認株式（trustee stocks）として指定されたもの70種とその他ユニットトラスト（契約型のオープンエンド投信）と金の購入資金に振り替えられることが認可された。振替限度は投資認可残高20％までとされたが，同年40％に引き上げられた[28]。

同制度は，後の1993年に基本・向上投資スキーム（Basic and Enhanced Investment Scheme）となった。基本投資スキームというのは，必要残高を除く貯蓄額80％までを信認もしくは非信認株式，転換社債，ユニットトラストと金購入に振り替えることを認めたものである（ただし，非信認株は10％に制限される）。向上投資スキームは，基本投資スキームの下で普通・特別残高が50,000Sドル超えたものについて80％の振り替えが可能となり，その投資対象はＳＥＳＤＡＱ上場株式，転換社債，国債，銀行預金等に拡大した。

同年，これらは国民の株式所有の一層の推進のため，ＣＰＦ株式保有充実スキーム（CPF Ownership Top-Up Scheme：ＳＯＴＵＳ）として高度化されていった。これは，加入者が民営化企業シンテル株購入にあたり，政府から200Sドルの特別補助金が供与されるという制度である，さらに1995年に，それは300Sドルと拡大して供与されるようになった。この制度を利用して，シンテル株が売買された以降ＣＰＦの引出額は急増した。前年末までの累積引出額が19億9,000万Sドルであったのに対して1993年は１年間で41億3,000万Sドル，1996年には152億Sドルと急増する結果となった[29)]。またこの制度は個人投資家の育成，および投資対象（上場企業）の拡大を主眼としており，まず国内投資家の育成として，政府は国民に民営化株式の取得を促したものであった[30)]。それは国民への株式所有を一般的に浸透させ，所得再分配に役立つものであったといえよう。以下に個人投資家動向の推移をみていこう。

(4)　個人投資家の増大

シンガポールの証券市場での既発行株式における株主構造を検討すると，所有者として個人投資家が圧倒的に多い点が特徴である。その数は1990年から95年における期間に2.5倍に増加し，株主の分散化傾向がみられる（図表３-７参照）。その平均持株数に関しては，1985年に比較すると1990，1995年は増加して約12,000株であった。民営化以降，個人株主数は増加してきているが，その平均持株数は増加していない。これは法人に比較するとその持分としてはかなり少数であり，1995年時点における個人株主の5,000株以下の所有は67％であり，

図表３－７　個人株主の推移

年	株主数	株主比率（%）	所有数	所有比率（%）	平均所有数
1985	392,570	92.5	1,853,500	21.0	4,721
1990	309,926	82.2	3,878,425	20.1	12,524
1995	751,121	96.2	9,245,000	21.6	12,300

（注）1995年は85，90年と調査法が変わり，産業別三大株主，三大所有グループ比率としてのみ表記されるようになったことから，95年の株主数と所有数の数値は同年の出所より算出した数値である。

（出所）1985：Saw Swee-Hock, *Investment Analysis and Management*, Longman Singapore Publishers, 1990, p.38.

1990：Saw Swee-Hock, *Investment Management in Singapore* 2nd ed., Longman Singapore Publishers, 1991, p.129.

1995：SES, *SES Journals*, 1995 November, p.15.

10,000株以下になると80%となる[31)]。このことから個人投資家の多くは経営に参画しない零細株主であり，株式は広く分散し，また少なく所有されている様子が窺える。

この現象は，上述したＣＰＦスキーム（ＳＯＴＵＳ）の個人投資家育成策の成果によるものである。ＣＰＦ加入者に上場企業の株式を割安な価格で放出することで国民に民営化株式の購入を促し，個人投資家の拡大につとめた結果といえよう。シンテルの民営化を例にとると，1993年，売出しでは約150万人が同社の株式を購入したことから人口比にすると，およそ２人に１人が購入したことになる。２年後においてもおよそ４人に１人が個人の株所有者であり，その意味では政府の意図した民営化の成果の１つである証券民主化政策は一定の成果を収めたといえよう。このシンテル株売却は，政府の意図として，⑴経済成長の成果を国民に分配すること，⑵投資を通じて国民にシンガポール国家との一体感を生み出すこと，⑶国民も基金の貯蓄管理責任に参加させることにあったといわれる[32)]。

このＣＰＦ資産振り替えによる購入は，投資家にとって株式を市場価格よりも安く購入できるメリットはあるが，売却した場合の元本はＣＰＦに再貯蓄せねばならず，結果的には売買が抑えられ，個人投資家が安定保有する傾向に繋がっている[33]。さらに政府は一定期間の保有者に対しプレミアムを支払うという長期保有に対する奨励策を採り，これも個人投資家にとって安定保有へのインセンティブになると予測できる。要するに，証券民主化といっても政府は民営化株が国民により安定的保有されることを意図し，最終的支配権は政府により維持されるという状況をつくり出していると理解できよう。また，各企業では経営者に対する株式取得制度であるストック・オプション・スキーム（Share Option Scheme：ＳＯＳ）が既に導入されているが，諸外国で広く導入されている民営化後の個人投資家を増大，分散させる役割をもつストック・オプション（従業員のためのプレミアム付きの優先的株式売却制度）の導入に関しては，テマセク社は現在のところ慎重に対応している。株主保護に対する立場から情報公開，特にＰ／Ｌ計算書の公正な開示を必要とすることを言及するに留まっている。しかし，イギリス等の経験が示すように今後株式売却の手段の１つになりうる可能性は大きい[34]。

4　テマセク社支配の程度

(1)　テマセク社傘下企業の売却と所有構造

シンガポールの民営化に関しては，公企業の株式公開・上場が，政府支配を縮小したり，民間企業の活性化につながるものではなかったが，証券市場を通じて株主が増えるということに関しては効果的であった。また政府が地場経済を支配するという構図が変わる可能性は少なく，政府の企業所有は若干縮小するが，政府が主要株主であり続け，それ故に支配権は政府の手中にあること，つまり大企業（ＳＩＡ，イントラコ，ＭＲＴ，テレコム社等）の株式放出が，１人あるいは少数の投資家グループの地場民間企業が経営・支配する結果にはならないであろうという指摘がある[35]。先に見たように，民営化の実際の効果として証券市場の活性化や個人投資家の増大に役立った点は指摘できるが，公的所有は減少してきているのか。または企業の支配関係がどのように変化してきているかに関して，以下にみていきたい。まずテマセク社は，傘下企業の所有に関して，２つに分類している[36]。

グループＡ：政府が過半数所有を続ける分野　(1)自然独占分野(2)公共財・サービスを提供する分野

グループＢ：所有に関知しない分野　技術，自由化，規制緩和の観点から鑑みて長期的成長のために国内市場だけに依存しない企業

実際に民営化の対象となったのは後者のグループに属する公企業であり，政府は各企業に対して産業戦略に応じた所有政策を展開している。以下，それぞれについて検討していこう。

図表３-８，図表３-９は売却された企業の一覧である。完全売却企業は図表３-９にみられるように，その産業部門は石油化学産業と製造業が中心である。テマセク社は，売却する企業を政府の戦略的産業ではなくなり，もはや地域的，もしくは国際的にみて潜在的成長に限界があると位置づけられる企業であると指摘する[37]。例えばポリオレフィン社のように公私混合企業では，テマセク社とＤＢＳが所有していた持分全てを，当初からのパートナー住友化学とともに，シェル社の外資に売却し完全民営化している。石油事業や電気・電子製造業の二大産業部門は外資依存で設立されたケースが多いが，自由化・規制緩和の世界的潮流もあり，シンガポール経済に重要な位置づけをなさなければ，その事業の外資パートナーへの売却の途を辿ると想定される。

図表３-８にみられる部分売却されている企業に関しては，産業分野や所有の形（直接的あるいは間接的所有）も多様である。戦略的意味をもたないとみなされる場合，株式放出が進行している企業もあるが，一方で留意できるのは主要公企業の存在である。これら企業はシンガポールの中核的産業に従事する，シンガポール経済を代表する国際企業であり，未だにテマセク社所有の割合は高い。以下にその所有構造をみていこう。

所有構造に関して，図表３-10にみられるように，部分売却されたＴＬＣｓ，なかでも中核企業７社[38]の所有構造は，いずれも0.1％に満たない実質大株主が既発行株式の90％以上を保有している。ここからテマセク社自体の所有比率が高く，また集中度がかなり高いことがわかる[39]。これら７社においては，

一部の大株主の所有比率が非常に高いことと，一方で零細株主（1,000株以下の株式保有）が多いことが特徴である。また外国投資家の所有に関して，外資導入の戦略的意図があるＳＩＡ社といった企業においてさえも，その所有比率は一様に低い[40]。先に述べたが，テマセク社は国家戦略に関わらない分野では株式売却を積極的に押し進めることを公言し，実際に完全売却する企業も増加してきている。しかし，中核企業の売却は部分的に限定され，図表３-10中の実質株主に示されているように，現時点では小数の大株主と多数の零細株主が並存している所有構造を形成している。これらの企業は，公私混合企業として設立され政府持分が当初から多い。それらは，民営化後に所有が分散しても，他の公企業（表に示されるように上位株主はテマセク社を始め，ＳＴ社やＤＢＳなどの公企業）と少数の外部株主によって分散所有される所有構造がつくりだされているにすぎない。ここからいえることは特定の民間企業や個人が大所有者になっているなど新しい他の主要株主が現れているという現状はみられず，むしろ小数の株式が広く分散所有されている証券民主化現象がみられるということである。

2001年時点のＴＬＣs株式所有構造の検討を通じて以下の点が指摘できる。一部分散された株式は，地場の個人投資家と外国機関投資家に移行したが，前者においては広範な分散となり，後者においてその所有比率は多くない。このように公企業株式売却は二重の構造をもつにいたり，それはテマセク社を通した政府の産業に関わる意思決定が直接反映した結果である。政府は，戦略的部門については部分売却，非戦略的部門は完全売却という売却方法をとり，企業に対する戦略の違いによりその所有比率や介入のあり方が異なるということである。

図表3-8　テマセク社傘下企業（ＴＬＣｓ）の株式売却（部分売却）

（単位）株式数：100万株，払込資本金：100万Sドル

会社名	所有株式数	方法	所有比率（%）	業種	特別株の有無	払込資本金
ASAグループ・ホールディングズ（ASAセラミック）	26.8	市場売却	13.25*	セラミック製造		40.4
アドロイド・イノベーション	22.1	PO	8.83	ソフトウェア		25.4
CEIコントラクト・マニュファクチャリング	106.7	市場売却	56.76	電子機器		11.3
CSEシステムズ&エンジニアリング	90.4	PO，従業員第三者売却	37.71*	IT		13.4
CWTディストリビューション	58.6	市場売却	38.92*	輸送コンテナ・倉庫		37.5
キャピタランド	1,598.8	合併／市場売却	63.51*	不動産・土地開発	RCCPS（US$）	2,517.3
チャータード・セミコンダクター・マニュファクチャリング	898.2	市場売却	65.09*	半導体製造		359.5
DBSグループ・ホールディング	195.2	転換社債の株式化	15.21	金融持株会社	RCPS CPS	1,217.5
FHTKホールディングズ	82.7	市場売却	12.58*	食品・食品関連製造		131.6
ヒンド・ホテル・インターナショナル	59.1	市場売却	89.68*	ホテル		66.0
インターナショナル・ファクターズ	39.4	PO（確定，入札）	50.60*	金融（ファクタリング）		51.5
イントラコ	22.5	市場売却	23.36	エンジニアリング他		98.6
ジュロン・エンジニアリング	8.3	市場売却	19.89*	建築・エンジニア		20.8
ジュロン・テクノロジーズ・インダストリアル・コープ	102.4	市場売却	26.01*	電子		39.4
K1ベンチャーズ	121.6	市場売却	63.91	海運		NA
ケッペル・コーポレーション	249.2	転換社債の株式化	32.57	金融・エネルギー他		766.0
ケッペル・ヒタチ・ゾーセン	540.6	市場売却	61.06	船舶		177.1
ケッペル・ランド	380.8	市場売却	53.78*	不動産投資・貿易		345.3
ケッペル・テレコム&トランスポート	335.7	市場売却	72.44*	通信		107.8
ナットスティール	79.9	市場売却（MBO）	23.72	製鉄	RCPS	181.4
ネプチューン・オリエント・ライン	393.2	市場売却	32.58	海運		1,176.1
パークウェイ・ホールディングズ	61.3	市場売却	17.03*	ヘルスケア		180.0
SIAエンジニアリング	871.5	PO	871.50*	航空エンジニア		100.0
SMRT	943.7	市場売却（ライセンス譲渡）	62.92	地下鉄		NA
セムコープ・インダストリーズ	927.6	合併／市場売却	57.81	海運エンジニア		401.6
セムコープ・ロジスティック	134.8	PO（抽選）	76.07*	サプライチェーン経営		212.8

会社名	所有株式数	方法	所有比率（%）	業種	特別株の有無	払込資本金
セムコープ・マリン	894.0	PO（抽選）	64.08	船舶修繕		140.6
センバワン・キムトラス	84.9	市場売却	85.88*	海運		26.6
SIA	699.1	PO（抽選），第三者売却	57.04	空運	黄金株	100.0
シンガポール・コンピュータ・システムズ	93.1	市場売却	60.81*	コンピューター	特別株	38.5
シンガポール・フード・インダストリーズ	377.3	市場売却	75.47*	食品		25.0
シンガポール・ペトロリアムカンパニー	327.5	第三者売却	77.34	石油精製		211.7
STエンジニアリング	1,619.5	市場売却	56.72*	航空機メンテナンス	特別株（0.10$）	287.5
シンガポール・テレコム	12,040.2	市場売却	67.56	通信	特別株（0.50$）	2,212.0
サンヨン・セメント	4.1	市場売却	5.31*	IT関連		38.6
ストラティック・システムズ	16.0	市場売却	6.01*	IT		13.4
ザ・アスコット・グループ	1,068.4	市場売却	69.10*	不動産		309.9
ペンギン・ボート・インターナショナル	33.1	PO，私募	16.57*	フェリー輸送		20.0
ビッカーズ・キャピタル	336.5	市場売却	80.23*	ファイナンス	特別株（0.25$）	175.5
ビッカーズ・バラス・ホールディングス	563.4	PO（確定，入札），私募	40.75*	持株会社		NA
シンガポール・エアポート・ターミナル・サービス	871.8	PO	NA	ケイタリング		100.0
パーマステーリサ・パシフック・ホールディング	40.1	PO	20.05*	内装		20.0
ラッフルズ・ホールディング	1,416.0	合併／市場売却	68.08*	ホテル・リゾート		1,040.0
STアセンブリー・テストティング・サービス	711.5	PO	NA	半導体組立て		247.4

（注）1. *印は間接所有（deemed interst），それ以外は直接所有（direct intrest）を示す。
2. Public Offering（ＰＯ）：公募，ＣＰＳ：convertible preference share，ＲＣＰＳ：redeemable convertible prefernce share，ＲＣＣＰＳ：redeemable convertible cumulative prefernce share。
3. 株式所有数と所有比率の数値は2000年時点。
4. NA 表示は会社年鑑，証券取引所資料に記載されていないことを示す。

（出所）各社 *Annual Report*, Singapore Exchange Limited *Companies Handbook*, 2002等より作成。

図表3－9　テマセク社傘下企業の株式売却（完全売却）

（単位：100万Sドル）

会　社　名	実施日	業　種	払込資本金
エチレン・グリコルス	1989. 4	石油化学	186.6
セレボス・パシフィック	1985. 11	製造業	8.8
ポリオレフィン・カンパニー	1989. 4	石油化学	109.2
ヤオハン・シンガポール	1988. 11	商業	18.0
アクマ・エレクトリカル・インダストリー	1988. 1	製造業／電子	55.7
ユナイテッド・インダストリー・コープ	1986. 9	製造業	159.5
デンカ・シンガポール	1989. 3	石油化学	14.0
ペトロケミカル・コーポレーション・オブ・シンガポール	1989. 4	石油化学	686.7
ケミカル・インダストリーズ	1987. 7	製造業	15.1
ヒタチ・エレクトリック・ディバイス	1988. 8	製造業／電子	30.0
フィリップ・ペトロリアム・シンガポール・ケミカルズ	1988. 12	石油化学	165.0
ＳＮＰコーポレーション	2000. 3	印刷（ＳＴ傘下に売却）	9.5
インデコ・エンジニアリング		製造業	

（注）インデコ社は現在上場されていないため，実施日，払込資本金は不明。

（出所）Low（1990），Temasekholdings（http://www.temasekholdings.com.sg/），Singapore Exchange Limited, *Companies Handbook*, 2002より作成。

図表３-10　テマセク社主要傘下企業（ＴＬＣｓ）の所有構造と実質上位株主

（比率単位：%）

社　名	ＳＩＡ		キャピタランド		ＤＢＳ		ナットスティール	
所有株規模	株主比率	所有比率	株主比率	所有比率	株主比率	所有比率	株主比率	所有比率
1-1,000	15.93	0.13	22.91	0.32	47.17	0.62	19.70	0.74
1,001-10,000	77.52	4.42	66.67	3.89	45.79	2.71	64.41	12.24
10,001-1,000,000	6.49	5.96	10.36	4.87	6.94	4.41	15.70	27.50
1,000,001以上	0.06	89.49	0.06	90.92	0.10	92.26	0.19	59.27
外国投資家所有比率	27.64	7.11	1.35	0.20	2.22	0.37	1.11	1.98
実質株主　1	テマセク社		ＳＴ不動産投資社		ＭＮＤＨ		テマセク社	
2			ＳＴ社		テマセク社		ＤＢＳ	
3			ＳＴＨ				ＭＮＤＨ	
4			テマセク社					

社　名	シンテル		ＳＭＲＴ		ＳＴエンジニアリング	
所有株規模	株主比率	所有比率	株主比率	所有比率	株主比率	所有比率
1-1,000	80.02	0.43	0.01	0.00	5.22	0.02
1,001-10,000	17.18	1.29	93.03	8.58	79.35	3.74
10,001-1,000,000	2.79	2.07	6.93	10.72	15.34	6.01
1,000,001以上	0.01	96.21	0.03	80.70	0.09	90.23
外国投資家所有比率	10.80	1.07	0.34	0.14	NA	NA
実質株主　1	テマセク社		テマセク社		テマセク社	
2	キャピタルグループ社				ＳＴＨ	
3					ＳＴ社	
4					キャピタルグループ社	

（注）1. ＳＩＡ，ＤＢＳ，シンテル，ＳＭＲＴ，ＳＴエンジニアリング各社は2002年，キャピタランド，ナットスティール各社は2001年度の数値。
2. 上場企業20大株主にはNominees（名義会社）が多く存在しているため，取引所株主統計は実質株主を記載している。
3. NA表示は会社年鑑，証券取引所資料に記載されていないことを示す。

（出所）各社 *Annual Report* より作成。

(2) テマセク社の介入

こうした一連の株式売却の過程で問題となるのは政府が民営化企業に対して介入する何らかの形態が残されるか否かという点であろう。

言うまでもなく，イギリス民営化で株式売却後の産業や企業に対し政府が関与し続けた例として，「黄金株」(golden share）の存在がある。シンガポールでも，これと類似した株式である政府支配を残す特別な株式が発行されている（図表３-８参照)。これらを発行したのはいずれもシンガポールを代表する国際企業であり，例えば通信業シンテル社による黄金株や航空産業ＳＩＡ社，製造業ＳＴエンジニアリング社，金融会社ビッカーズ・キャピタル社，電子産業シンガポール・コンピュータ・システム社による特別株式（special share）の発行がみられる。さらに金融業ＤＢＳ持株会社（ＲＣＰＳ，ＣＰＳ発行），製鉄業ナットスティール社（ＲＣＰＳ発行）[41]や不動産キャピタランド社（ＲＣＣＰＳ発行）の無議決権株式の発行がみられる。黄金株と同様の意味をもつ特別株式は，優越的特権を行使でき，原則として政府により保有される株式であり，株式放出が進み民営化されてもこれらの株式の存在によって，政府は最終支配に関わる決定権を行使できるものである[42]。また優先株式も性質上議決権をもたない株式であり，支配の手段として用いられる種類の株式である。これらの株式を発行しているのは，部分売却を行っているＴＬＣsのなかの中核企業であり，いずれもテマセク社や他の公企業が主要株主となっている。

また株式放出という民営化政策を採った場合，外国投資家からも資金導入されることが前提となる場合も多い。その点は，シンガポール政府は民営化株に

図表３-11　外資規制表

企　業	M&A制限（%）
ＧＫゴー・ホールディング	70
ホンリョン・シンガポール・ファイナンス	19
ＩＣＢ	40
キム・エンジニアリング・ホールディング	70
ＯＵＴ	20
ＳＮＰ	49
シンガポール・イベストメント	20
シンガポール・リインシュアランス	49
シンガポール・テレコム（Sing Tel）	40
シンガプーラ・ビルディング・ソサイアティー	20
ターゲット・リアリティー	20
ＵＯＩ	20

（出所）Singapore Exchange Limited, *PLSES*, 2001, December, p.97.

おいて外国投資家の購入を規制するよりもむしろ積極的に推奨してきており，近年，金融自由化をはじめ外国人の所有規制の撤廃もしくは緩和がなされる傾向にある。しかし，図表３-11に示されるように幾つかの企業では未だに持株規制が残されている。また黄金株に関して，「黄金株がつくり出された動機は好ましくない買収，つまり一方的かつ敵対的買収を回避することにあった……（執筆者略）とりわけ外国人による株式所有に制限を加えることが狙いとされた」[43] という点を考慮すると，上記の企業が発行している同種の株式も同じような意義をもつと判断されよう。実際に，外国投資家にも広く株式の売出しを行っているシンテル社の「Ｃ株式」のように外国投資家を募る一方で，黄金株を発行し拒否権を保持しているのはその典型例である。市場で２度の売却を行った現在の同社の所有は，テマセク社が70％近くを保有し，公的支配の及ぶ範囲も未だに大きいが，今後，株式放出によって所有が次第に分散化していくことに対処したものであると想定できる。さらには同社で売出された「Ａ株式」は，ＣＰＦ加入者がＣＰＦ資金振り替えにより市場価格より優先的価格で購入できるものである。これは，株主権は株主に付与されずＣＰＦに帰属するという種類の株式であり，議決権の分散が防止され，かつ政府の関与を残すという種類の株式の例と考えられよう。

民営化の結果として，このように公的介入は部分的に残されている。テマセク社の効率的モニタリングのもとで，所有構造は若干変化しても，特にシンガポールを代表するような傘下企業に対する株主としての経営関与や支配に変化はみられない。また個人投資の長期保有のインセンティブがあるとすれば，それは政府の産業戦略の一環として規定されているに過ぎない。検討してきたように，政府は，防衛部門，金融・通信・航空等の基幹産業，ＩＴをはじめとするハイテク電子産業や化学産業を国策として支配する意図をもっていることが窺える。

さらに，2001年３月，リー・シェン・ロン副首相は時期についての明言を避けたが，シングテル社の黄金権を排除する方向にあることに言及した[44]。同国企業が海外からの関心を引き，また海外への進出を目指すために，政府所有の規模や程度が問題となることを見込んだためである。実際に，2000年ＤＢＳによるオーストラリアのウェストパック銀行合併，2001年シンテル社による香港のケーブル・アンド・ワイヤレス社やマレーシアのタイム・エンジニアリング社の買収はいずれも失敗に終った。この背景には政府所有の大きさがＭ＆Ａのネガティブ要素になったと言われている。今後，シンガポール政府が国際競争力をもつ企業再編を狙い海外企業とのＭ＆Ａを射程に入れているとすれば，政府規制や介入の程度の低下を図る必然性が生じる。逆に外国資本の出資比率が高まってくる場合において買収されない方途，特定持株比率の規制等ある種の介入は当然想定できる。今後の政府規制と民営化企業との関係については，政府政策を追う必要があるであろう。

5　結　び－民営化後のガバナンス

本章では，シンガポール民営化政策，公企業の株式売却がもつ意義や背景についての検討を試みた。一般にアジア諸国での民営化は財政赤字や公企業の成長の停滞性からの脱却を図る場合が多いと指摘される。しかし，シンガポール公企業のそれは商業性を第一義に追求する良好なパフォーマンスをもつ企業体であり，経営非効率や財政赤字の問題よりも，公企業の持株売却による様々な経済効果を狙ったものであった。つまり，既述した施策から窺える民営化の意図としては，固有の歴史が生み出した政府偏重型の経済体制を懐柔し，その経済力の一翼を担うような民間部門の拡大である。また，併せて証券市場の育成による金融制度のさらなる確立とそれによる国民の資産形成[45]の推進を目指すことで経済にインパクトを与えることであった。

実際には，売却比率は政府の産業政策によって異なっている。もはや潜在的に発展性が見出せず，テマセク社が今後関与しないことを決定した企業は完全売却の途を辿り，それ以外は部分売却されて戦略的に保有されるという状況がみられた。なかでも留意できるのは部分売却企業の場合である。それはＴＬＣｓ中核企業や戦略的に重要視される企業であり，その所有構造はテマセク社や他の公企業が筆頭株主で集中度も極めて高いという特色をもつ。また政府介入という意味では，取締役員派遣，M＆A等を含む経営戦略，利益ベース経営の強化など様々な意思決定がテマセク社によって傘下企業になされている。さらには拒否権をもつ株式，もしくは無議決権株式を発行し，恣意的に介入する例もみられる。

この株式売却を通した民営化によって，個人投資家を増大させ，外国投資家をつくり出した意味においては一定の成果を生み出したといえる。しかし，所有比率が低いそれら零細株主は意思決定に関与しないであろう状態を考慮すると，さらに同社の意思決定権の大きさは変わらないと考えられる。

近年，テマセク社は民営化政策を施行するにあたって，公企業の支配者としての立場から意識的にそのスタンスを変えつつあるように思われる。つまり株式放出という方法をとる限り，株式は限定されているとはいえ分散されるのであり，多くの株主やもしくは様々な利害関係者を生み出す。最近，同社は「機関投資家」として他の株主も考慮に入れ，株主価値を最大に考慮した行動をとることに言及している[46]。それに関しては，テマセク社はじめ傘下各社とも株主重視経営という視点からコーポレートガバナンス問題に重大な関心を示しており，それは株主のための情報公開や利益重視経営を目指していることからも窺える。通常，機関投資家とは個人やその他の投資主体に代わって資産を運用する機関と定義できるものである。同社では利潤証券として所有している側面もあるが，むしろ株主としての支配証券として所有している傾向が窺える。その意味からは，むしろ法人投資家的意味をもつであろう。しかし興味深い点は，傘下企業の取締役に対する介入と改革によりコーポレートガバナンスを強く意識した企業間関係を志向していることである。支配に足る他の新たな所有者が生まれておらず，機関投資家等の存在がない同国の状況を考慮すると，同国経済のなかでテマセク社は長期視点にたって企業モニタリングを行う存在として位置づけられ，重要な意味をもつものと考えられる。

換言すれば，このようにテマセクが支配権を維持し続けることは，株式売却により証券民主化という状況をつくり出すことで国民資産を増大させていくという経済戦略の観点からも重要であった。先進国やアジア工業国に比べると，証券市場がいまだに規模が小さいシンガポールでは，国民資産の形成は重要な課題であり，また真に国際競争力をもつ企業を形成するためには民間部門の強化も必須の課題であろう[47]。

テマセク社は今後も公企業を新たに上場するか，もしくは部分売却比率を高めていくことを逐次検討しているということを公言しているように，今後も状況は変化する可能性がある。その意味から，同国の民営化は過渡期にあると言えよう。また最後に指摘しなくてはならないのは，民営化に伴い，内外，公民含めて企業再編が急速に推進されている現状である[48]。この現象は，所有構造や企業の支配関係のなかで今後検討されるべき課題となろう。

(注)

1）シンガポールの民営化の研究に関しては，L.Low, *The Political Economy of Privatization in Singapore*, MacGraw-Hill, 1990 の労作をはじめ，L.Low, *The Political Economy of a City-State*, Oxford university Press, 1998, 木村陸男『アジア諸国における民活政策の展開』アジア経済研究所，1992年，浜川一憲「発展途上国民営化に関わる諸問題」玉村博己編『民営化の国際比較』八千代出版，1993年等が挙げられるが，研究蓄積は非常に少ない。その殆どは証券売却を中心に検討され，また証券民主化と意義づけるものも多いが，民営化による公企業の所有構造の変化等に踏込んだ研究や，テマセク社に関連した研究はなされていない。

2）平川均「輸入代替工業化期のシンガポールと日本企業」『アジア経済』10月号，pp.23-34.

3）他にも政府系病院の民営化による組織再編のために設立されたＨＣＳ（Health Corporation of Singapore）持株会社と情報芸術省（Ministry of Information and the Arts）が存在する。

4）特殊法人法制定により収益の高い11の公共企業体からの余剰金の一部もしくは全部が政府歳入に計上されるようになった。ＧＮＰにおける公企業のシェアは約20%，政府部門の投資シェアは，国内固定資本形成の比率で平均30%であるが，政府部門の総貯蓄は，ＣＰＦ貯蓄機関のために総国民貯蓄比において平均60%とかなり大きい。また，政府の雇用率は20%で，ＨＤＢ（政府住宅公団）は全住居の90%を提供している。

5）公企業の優遇に関しては，例えばSingapore Automotive Engineering社はアメリカＧＭ社オペル部門のディラーとなり，また国家開発省都市再開発庁傘下のPidemco Land社は他の土地開発公企業DBS Land社と提携し，その再開発プロジェクト入札で民間と競合している。また日米欧諸国の多国籍企業とのジョイント・ベンチャーは公企業が中心になって設立されており，民間は規模や技術力から見ても対等に競合できず，また参入できるニッチは非常に少ない。

6）テマセク社公開資料（http://www.temasekholdings.com.sg/）。テマセク社に関しては，近年公開された同ホームページから有用な情報が得られる。

7）Temasekholdings（http://www.temasekholdings.com.sg/temasek_news/new_release/04_06_2000/htm）[2003/8/25]

8）「コーポレートガバナンスにおけるアジアビジネス講演2002年」におけるテマセク会長ダナバラン氏演説。同氏は，最大株主としてのテマセクの役割を⑴取締役員における適正人事の任命，⑵ストック・オプション等を含む従業員補償制度の確立，⑶M＆Ａや組織再編等の経営案件の決定，⑷コーポレート・ガバナンスと情報公開の制度化，を強調している。また米国エンロンのケースを挙げ，シンガポール型ガバナンスモデルの創出の必要性を提示している。Temasekholdings, Keynote Speech by D. Danabran, “Why Corporate Governance-A Temasek Perspective”, 31 October 2002.

9）Business Times, “Temasek Fine-Tune Stewardship of It's Companies”, 25 June 1999.

10）多くの企業が株主価値最大化を目指し，経営指標に株主価値を重視したEconomic Valued Add（ＥＶＡ）導入し，ポジティブな結果を生み出している。

11）1996年コンストラクション・テクノロジー社売却，1997年マイクロポリス社清算の事例がみられる。

12）星日報　2002年９月２日。また同紙では，全国労働会議（ＮＴＵＣ）出資の子企業（流通，運輸，不動産，保険，保育園，歯科医等の分野）が中小企業を圧迫しているとの批判に対し，ＮＴＵＣ側は労働者福祉と物価抑制を主張したことを伝えている。

13）2002年５月経済改革委員会の小委員会が，ＧＬＣｓは国家戦略上重要な産業以外は基本的に撤退すべきとの答申を提出したことに対応し，テマセク社が企業理念と事業戦略を明文化したもの。

14）民営化の概念に関しては，各国の公共部門における形成要因の差異，範囲や構造，または政府による経済政策に由来して多種多様に存在し，その定義は論者によって異なった視点に置かれている。広義には規制緩和から国有資産の民間移転を意味する私有化までを含む。狭義において，民営化は公企業の所有権の民間への移転，つまり民間資本・経営形態導入による経営の効率化を意味する。しかし，現実には民営化は規制緩和（競争の導入）の諸政策も包含して行われることも多く，一般的な概念を大別すると，国有資産売却・私有化と規制緩和・自由化であろう。民営化に関しては，以下参照。テオ・ティマイヤー，ガイ・クオーデン編／尾上久雄・廣岡治哉・新田俊三訳『民営化の世界的潮流』御茶の水書房，1987年，遠山嘉博『現代公企業総論』東洋経済新報社，1987年，pp.278-279.

15）アジアでの民営化の目的として，①公企業のパフォーマンスの悪化，②累積債務問題，③開発戦略の転換の３つが指摘されている。（玉村1993, pp.215-221）また，先進国以上に固有の歴史や社会制度の違いが大きいことから，アジアの民営化は規制緩和，金融改革，私有化，市場経済化，国有企業改革など様々な意味合いをもち，その適用範囲も広い。木村氏は，このようなアジアの状況に関して，民営化及び規制緩和を意味する「民活政策」と総称している。（木村1992）

16）1985年度予算演説（第１部1985会計年度の政府財政政策），1985年３月８日，Tony Tan Keng Yam 蔵相。「①政府が参入する場合は，民間企業に投資の意思または資金がないか，政府が企業家の役割を果たす事が必要な場合に限られる。②政府が小数の株式しか持たない企業，政府による管理が有効でない場合，政府は所有する株式を民間に譲渡する。③非上場の政府出資会社は証券市場に上場する。④国益上重要である企業に関しては，政府は過半数の所有を維持するが，それに関しても，証券市場に上場することで民間資本の参加を求める」という４つの方針を打ち出した。（Low 1991, p.22.）

17）また公企業の不必要な部門からの撤退，民間部門の公共部門への積極的参入や規制緩和を含めた広義での民営化を意味している。規制緩和＝自由化という意味では，1999年金融業の自由化５か年プログラムによる政府の所有比率の撤廃，2000年４月通信部門の完全自由化によりシンテル社による独占体制が変化してきている。

18）例えばイギリス，イタリアの金融資本を組織するための単一の買い手への売却，従業員への売却，または公私混合企業形態を続ける等の支配を残すための売却例，またはイギリスの拒否権付き株式発行，政府の役員派遣等により政府介入する例が見られる。

19）固定価格方式は小口の投資家に売却される場合，入札方式は大口投資家や機関投資家への売却に適用される。

20）シンガポールではＩＰＯの株式は，殆どの場合応募超過となる。例えば，Jurong Engineering 社（1984）は96.5倍，Sembawang Maritime 社（1987）は93.3倍，Ssangsong Cement（1983）社は55.5倍, Cerebos 社（1983）社は40.4倍などの高倍率となっている。

21）民営化実施状況に関しては，Straits Times（日刊紙），アジア経済研究所『アジア動向年報』1987年度～1995年度，Temasek Holdings Press Release 参照。

22）ゴールデンシェアは，1980年代前半にイギリス・サッチャー政権が公企業の民営化に対して用いられた特別拒否権付き株式である。それを所有する政府には該当企業の役員人事，資本構成の変更，他の企業との合併・吸収・統合等の案件に関して拒否権が与えられるというものである。４節参照。

23）ＳＩＡ，シンテルの株式売却は株式市場への影響が大きく，それぞれ上場後の1993年12月時点の時価総額は96億1,900万Ｓドル，573億4,000万Ｓドルであった。シングテルは1993年第４四半期の全上場資本の約90％を計上した。

24）アジア経済研究所『アジア動向年報』1994年，p.368.

25）ＭＲＴは，資金調達は政府が行い，運営だけを民間が行うという民間委託の方法を採っているケースである。

26）Lee Kwan Yaw 上級国務相は1990年８月独立記念集会演説にてＣＰＦ資金利用によって国民全体の資産が次の20年間で倍増するであろうと言及している。

27）丸淳子「シンガポールの投資信託」『証券経済研究』第14号，1998年，Saw Swee-Hock, “The securities investment scheme for central provident found members,” *Investment Analysis and management*, 1990を参照。

28）投資認可残高は普通・特別口座残高 ÷ ＨＤＢ引き落とし－３万Ｓドルの最低準備金。
29）アジア経済研究所，前掲書，1994年，p.368.
30）Low, *op.,cit.*, 1998, p.157.
31）Stock Exchange of Singapore, *SES Journals*, November 1995, p.15.
32）アジア経済研究所，前掲書，1994年．p.368.
33）丸淳子，前掲書，1998年，p.76.
34）Business Times "Temasek says 'no' to mandatory opt expensing", 4 June 2003，また，Temasekholdings, "Temasek recommends that expensing of stock options should not be made mandatory",（News Release）3 June 2003では，企業開示とガバナンス委員会（Council on Corporate Disclosure and Governance：ＣＣＤＧ）からの質問書に対する返答にテマセク社の同制度への見解が言及されている。
35）L. T. Yuan, L. Low, *Local Entrepreneurshipin Singapore：Private & State*, Times Academy Press, 1990, p.160.
36）Temasekholdings, *Temasek New Charter*, 2003.
37）*Ibid.*
38）テマセク社は first tire 企業は22社あると述べているが，その中で民営化された比較的資産規模の大きい企業でファイナンシャルリポートが入手できる７社を抽出した。
39）所有構造で留意される点はノミニー会社（nominees）による所有が多く見られることである。これはＣＰＦ資金で投資する場合，会社設立する場合，または外国人が株式投資を行う場合，同機関を通じて投資をするためである。ＳＧＸ副社長兼デリバティブ部長 Richard Hoo 氏への聞き取り調査による。そのためＳＧＸ資料では実質株主も合わせて記載されている。
40）海外投資家としては金融機関等の機関投資家が中心に投資を行っているが，所有比率は一様に低い。
41）「無議決権非償還転換優先株」non-voting non-redeemable convertible preference share：ＣＰＳ，「無議決権償還付転換優先株」non-voting redeemable convertible preference share：ＲＣＰＳ，「無議決権償還付累積的転換優先株」non-voting redeemable convertible comulative preference share：ＲＣＣＰＳまた特別株式（special share）は，他の株式より優越的特権（例えば拒否権等）を行使でき，原則政府によって保有されるものであり，黄金株の別称である。
42）野村によると「黄金株」の規定は必ずしも統一性があるものではないが，①特定個人による株式所有の制限，②グループ資産の処分に関する制限，③会社の自発的閉鎖や換算に関する制限，④議決権付き株式発行に関する制限，⑤取締役任命の条件，⑥イギリス人（イギリス企業を対象にしているため－筆者注）取締役指定の条件といった制限や条件を課す権限が含まれるとしている。野村宗訓『民営化政策と市場経済』税務経理協会，1993年，pp.163-164.
43）同上書，p.164.
44）*The Business Times, op.,cit.*, 4 June 2003.
45）政府は，2000年独立記念演説においてシンガポール政府を企業に見立て，財政黒字を計上した際は，株式を国民に支給する制度を導入することを明らかにした。詳細は不明であるが，所得再分配を狙ったもので，通常の会社株式と同様に市場で売却でき，配当も支払われる予定である。ここからも国民資産形成に対する意図が組み取れよう。

46）Temasekholdings, *op.,cit.*, 31 October 2002.

47）30余年にわたる政府介入による肥大化した公共部門の縮小が図られ，民間部門に大きな役割を与えるインセンティブをもったのかという点に関しては，民間企業が公企業売却の受皿となる規模を備えていないという現状があり，その意味では政府株売却による民間企業育成の目的は効果をあげていないといえよう。

48）政府は競争力委員会を設置し，公企業が国際競争力をもつ世界的企業として成長するため，その役割をテマセク社が担うように勧告している。2000年以降，ＤＢＳとＰＯＳＢ（郵便貯蓄銀行）の合併，ピデムコ・ランドとＤＢＳランドの合併，ケッペルグループ等の主要産業における一連の公企業再編に見られるように，それはＴＬＣｓに対する基本方針となり，民営化による急速な公企業再編の契機の１つとなっている。

第4章

投資機関としてのテマセク社と投資戦略

1　はじめに

政府系ファンドとはSovereign（ソブリン）が意味するように，国家，あるいは政府やそれに準ずるものが所有する財源を元手にして投資を行うファンドを指している。この政府系ファンドの運用手法は基本的にパッシブ型の長期運用であることを特徴としている。しかしながら，近年，それは株式や債券を主要なポートフォリオとして組み込む伝統的金融資産運用からオルタナティブ資産運用に変化してきているといわれる。その背景には，世界的な高齢化現象による年金・保険資金や資源国や輸出国の余剰資金の増大が運用の必要性を生み出したことがある。結果的に政府系ファンドのアセットアロケーションが多様化し，グローバル市場における投資資金フローに変化が生じてきているとされる。またその投資家としての特徴は，短期売買せずに長期的視点から投資を行うことが挙げられるが，それが経済危機時における市場のボラティリティを抑制する傾向にあることから，金融市場の安定化を保つ投資家として歓迎されている。しかしながら，ファンド数の増加や国家を超えた投資額の増大に伴い，経済的もしくは政治的問題が議論の対象となってきている。

シンガポールでは，政府資金を運用する機関としてシンガポール政府投資公社（以下ＧＩＣ）のほかにテマセク持株会社（以下テマセク社）が存在する。両社は内外の金融市場において積極的投資を行うことから，ＩＭＦなど国際機関からも政府系ファンドとみなされてきている。しかし，現実には政府系ファンドの定義付けは困難であり，財源や相対収益を目指す運用手法の特徴から総合的に判断される場合が多い。本章で検討するテマセク社は，前章でみたようにシンガポールが独立を果たした後に経済再興のために基幹産業を育成する目的で設立され，また経済政策を施行するための重要な役割を果たしてきた。しかし，傘下企業が成熟するようになったことから積極的な株式新規公開（ＩＰＯ），上場や売却を繰り返すようになり，近年，次第に投資ファンドとしての性格を強めていることが注目されている[1)]。そこで本章ではシンガポールのテマセク社が政府系ファンドとして認識されるようになった経過について，その投資動向の分析から明らかにする。

2　投資ファンドとしての役割とシンガポール経済との整合性

(1)　テマセク社設立の経緯と経済における役割

シンガポール政府は，完全に独立を果たした1960年代半ばになると，産業政策の一層の強化を図るために，経済戦略の立案と実施を主導する政府機関として設立された経済開発庁（Economic Development Board；ＥＤＢ）の再編を行うようになった。投資の役割を財務省（Ministry of Finance，ＭＯＦ）に引き継がせる一方で，ＥＤＢを中心にして造船，海運，港湾や石油精製など経済の柱となる重工業部門の育成をするための政府系企業（Govermental Linked Compaies；ＧＬＣs）を多数設立した。また同時に国家建設において急務とされる住宅や工業地造成など社会インフラの形成のために多くの公共企業体（statutory boards）を設立していった。このように経済政策を推進する過程において公企業群は重要な役割を果たすようになったが，のちに政府は増大するＧＬＣsを監督・管理するための再編を行い，３つの持株会社によって直接管轄させるという組織構造を作り出した。その持株会社の１つがテマセク社であった。

このテマセク社は，1974年に財務省が100％所有し，独立以降の政府により蓄積された資産や企業ポートフォリオを効率的に運用する目的で設立された政府の持株会社である。これは，1981年設立のＧＩＣを含めて，世界の政府系ファンドのなかでは比較的早い設立である。同社に移管された傘下企業はテマセク社傘下企業（Temasek Linked Companies；ＴＨＬｓ）と呼ばれ，運輸，港湾，電力，空輸，金融，通信，造船などシンガポール経済の主要な産業分野にまたがっている。また自らも重要な産業分野での新規事業の立ち上げを行っており，例えば，石油事業や造船業などの分野で日本をはじめとした外資との合弁で事業を立ち上げるケースも多く見られた。それは国際競争力をもつことの重要性を考慮した政府の成長戦略であり，政府自らが工業化の推進に直接・間接的に関与していったことの表れである。結果的に国家にとって基幹産業となる多数の公企業を擁する一大企業グループを形成するようになった。このように傘下企業を政府の経済政策にあわせてモニタリング機能をもって統括してきたことは，同社が政府戦略の何らかの意図を反映させた機関であると指摘される背景となっている。

しかし，1990年代から本格化した政府系企業再編の１つとして開始された民営化（同社は傘下企業の株式売却 divestment という手法を主にとる）により，明らかに従来の傘下企業を管轄・支配する性質は薄れている。テマセク社自身が公表しているように投資機関としての機能を強めるという傾向がみられるようになってきた[2)]。民営化に当たっては，シンテル（Singapore Telecom；Sing Tel）やシンガポール・エアライン等をはじめとした傘下企業のＩＰＯを次々と果たし，特に政府が保有する必要がない場合は完全売却を実施し，また高収益を見込まれる企業は一部売却を通じた運用益を得るという投資動向をとっている例が多くみられる。またこの売却益は，テマセク社の主要な収益源の１つとなっている（図表４-１参照）。

特に民営化以後は，株主価値最大化を考慮するという民間企業としての側面が強調され，傘下企業に対する経営へは介入せずという立場を明らかにしている。傘下企業の民営化を推し進め株式分散化を図りながらも，同時にテマセク社は一貫して内外企業において投資を積極的に行う存在でもあり，それがテマセク社の投資ファンドとしての性格を表しているともいえよう。しかしながら

図表４－１　テマセク社株式売買動向（2005年 -2010年）

2005年３月30日	テマセク社子会社，M＆Mの550万株取得
４月13日	シン・スプリング社50％の株売却
６月16日	ＣＣＴユニット募集
７月１日	シンガポールエクイティー，ＮＩＢ株を72.8％に引上げ
８月３日	ＳＭＲＴ（地下鉄）１億1,000万株売却
８月10日	キャピタランド２億株売却
2006年１月23日	テマセク―ＳＣＢ，投資家グループをシナワトラとダマポン・ファミリー所有のシン・コーポレーション株式取得に導く
３月８日	タタ・テレサービス株9.9％取得
３月９日	アイ・ロジスティクス株9.25％取得
３月20日	シンテル社株の流動性を高めるためシンテル社株売出し
３月21日	シンテル株売出し終了
３月24日	シンビッド・コンソーティアム・パートナー，ＡＩＳのテンダーオファー完了
３月28日	タンスリ・クーテックプア・エステイト，テマセク社にスタンダードチャータード株式売却を同意
５月31日	イーモバイルに273億円追加増資で総額1,432億円の自己資本に到達（所有比率７％）。テマセク社，イーモバイルの第３位株主
12月８日	フレイザー＆ニーブ社投資公表
2007年３月１日	テマセク子会社シンガポール・テクノロジー・セミコンダクター，ＳＴＡＴＳチップパック社の現金調達
６月13日	ミンプー・シーフード株10％取得
６月19日	シンガポール電力売却
７月23日	バークレーＰＬＣに投資
10月18日	シンガポール・ゲンコス（電力）売却
2008年３月14日	ツアス・パワーの売却が終了
７月７日	セノコ・パワーの売却
９月５日	セノコ・パワーを日本コンソーシアムに売却
10月７日	パワーセラヤの販売開始
11月25日	パワーセラヤの販売延長
12月２日	38億Sドルでパワーセラヤ社をＹＴＬパワーインターナショナル社に売却
2010年７月26日	フレイザー＆ニーブ社株をキリンに売却公表

（出所）Temasek Holdings 各種資料より作成。

テマセク社自身が多くの企業を管轄・支配する性質を持つ持株会社であり，資産運用だけを行うものではない点からも純粋な投資ファンドとして分類することに批判される場合がある。以下にテマセク社の投資・戦略動向を捉えることにより，近年の企業の性質について検討していく。

(2)　テマセク社の現状

テマセク社の年次報告書（Temasek Review）によると，同社は380人を超える多国籍な人材を擁し，アジア地域を中心に1,000億ＵＳドル以上のポートフォリオを運用するシンガポールを本拠とする投資会社（investment house）であると述べている。財務省によって100％所有されながらも，現在はシンガポール会社法に準拠する民間企業と変わらない事業体となっている[3]。テマセク社自身は独立した取締役会により統治されていること，また自律的でかつ厳格な商業ベースに基づいて経営上の意思決定がなされ，株主価値を最大に考慮する投資会社であることを言及している。2012年６月時点での資産規模から見た世界の政府系ファンドにおけるテマセク社の位置は９位であり，投資額が増大している傾向を考慮すると，運用機関としての重要性が増しているといえよう（図表１-３参照）。特に情報開示に関しては限定的ではあるものの，会社法（Singapore Companies Act <Capter 50>）や監査基準（Singapore Standard on Auditing <SSA>）に則った情報開示に努めている。政府系ファンド・インスティテュートによる情報開示レベルを示す透明度指数（transparency index）では，テマセク社は10レベル（情報開示度合いに応じて１～10レベルに分けられている）と最も高い評価を得ている[4]。同社を政府系ファンドとして認識しているＩＭＦは政府系ファンドの投資目的や実態に関する情報開示の在り方についての自主的枠組み（voluntary）である「行動規範・慣行に関する一般的原則 Generally Accepted Principles and Practices；ＧＡＰＰ」＝サンチャゴ原則を公表している。テマセク社は同原則にも積極的に賛同することを表明し，自主的に企業情報の開示を行う数少ない政府系ファンドであるといえよう。

2010年時点の企業構成は，金融サービス部門を中心にして，通信・メディア，

図表4－2　テマセク社主要傘下企業（2010年）

企業名	所有比率（%）	時価総額（通貨）
金融サービス		
Bank of China Limited	4	1,050,894（HKD）
China Construction Bank Corporation	6	1,486,261（HKD）
DBS Group Holdings Ltd	28	32,559（SGD）
Hana Financial Group Inc.	10	7,337（KRW）
NIB Bank Limited	74	16,660（PKR）
PT Bank Danamon Indonesia Tbk	68	43,654（IDR）
Standard Chartered PLC	18	36,457（GBP）
ICICI Bank Limited	6	1,061,890（INR）
通信メディア，技術		
Shin Corporation Public Company Limited	42	92,831（THB）
Singapore Technologies Telemedia Pte Ltd	100	2,106（SGD）
STATS ChipPAC Ltd.	84	2,312（SGD）
Bharti Airtel Limited	5	1,184,450（INR）
MediaCorp Pte. Ltd.	100	533（SGD）
Singapore Telecommunications Limited	54	50,505（SGD）
輸送，産業		
Keppel Corporation Limited	21	14,571（SGD）
Neptune Orient Lines Limited	66	5,187（SGD）
PSA International Pte Ltd	100	7,985（SGD）
Sembcorp Industries Ltd	49	7,365（SGD）
Singapore Technologies Engineering Ltd	50	9,648（SGD）
Singapore Airlines Limited	54	18,111（SGD）
SMRT Corporation Ltd	54	3,095（SGD）
生命科学，消費者，不動産		
Olam International Limited	14	5,230（SGD）
Fraser and Neave, Limited	15	6,706（SGD）
CapitaLand Limited	39	16,901（SGD）
Li & Fung Limited	4	144,634（HKD）
Mapletree Investments Pte Ltd	100	5,095（SGD）
Singapore Airport Terminal Services Limited	44	2,897（SGD）
Wildlife Reserves Singapore Pte Ltd	88	148（SGD）
エネルギー，資源		
Singapore Power Limited	100	6,783（SGD）

（出所）Temasek, *Temasek Annual Report 2010*より作成。

（注）HKD：香港ドル，SGD：シンガポールドル，KRW：韓国ウォン，PKR：パキスタンルピー，IDR：インドネシアルピア，GBP：UKポンド，INR：インドルピー，THB：タイバーツ。

輸送・ロジスティック，不動産，インフラ・工業・エンジニアリング，エネルギー・資源，テクノロジー，消費者・ライフスタイルの産業分野にまたがっている（図表４－２参照）。

2003年時点の傘下の主要企業と比較すると，投資（investment）と民営化（divestment）の影響もあり構成企業に変化がみられる。従来から主要傘下企業としては陸運，空輸，海運や電力などの公益分野が重要性の高い分野であり，現時点でも通信，輸送・工業，電力（Media Corp., PSA International, Singapore Powerなど）は100％所有をするなど高い所有比率を維持し，戦略上の重要性を示している。しかしながら，エネルギー分野の電力会社が近年相次いで民営化されたことは注目できる点である（図表４－１参照）。さらには，近年，金融，メディア・通信部門，そのなかでも金融部門の重要性が高まっている。図表４－２にみられるように地場のＤＢＳ（シンガポール開発銀行）をはじめ，中国，韓国，イギリスといった外国の金融機関を傘下に入れており，それら証券市場に占める時価総額の大きさは他の産業分野を凌いでいる。このように金融を重視する政府政策の背景には，アジア域内の国際金融ハブ拠点となるための金融制度改革の取り組みが指摘できる。1998年にシンガポールの競争力強化委員会の金融・銀行小委員会は金融制度を再検討する報告書において，国際競争力強化における金融部門の梃入れ，特にファンド・マネージメント市場の拡大の重要性を指摘している[5)]。それを受け政府系企業の余剰資金を民間ファンド・マネージメント会社が運用することが提案され，その後，ＧＩＣやＭＡＳ運用資産の民間ファンド・マネジャーによる運用が実施されるようになった。合わせて，ＣＰＦ積立金を利用した投資信託運用の規制緩和，プライベート・バンキング強化やイスラム金融資金の取り込みなども施行されている。政府はテマセク社を通じて金融機関を傘下に収め，金融技術の取り込みなどを図っているのである。このような金融部門の強化は，市場の発展を促すと同時に，政府資金の運用を効率化させる役割をもつものと思われる。

また金融制度の発展の一環として，シンガポール証券取引所（ＳＧＸ）は2010年５月にインドのムンバイ・ナショナル取引所，11月にオーストラリア証券取引所（ＡＳＸ）などの取引所の株式取得をして合併している。世界の主要取引所と比較して売買高や上場企業数など規模において遅れをとっていた同取引所は，これら一連の買収で上場企業数においてアジア太平洋州上第２位となった。シンガポールでは1990年代から開始されたテマセク社傘下企業の一連のＩＰＯや株式放出は，売買株数や額を底上げして同取引所を活性化させる役割を果たしてきた経緯がある。このように資本市場の活性化の施策は金融市場における重要な戦略の１つとなっている。金融部門の制度的発展として，近年の欧米諸国の大手金融機関への投資は経済政策と整合性が取れるものであったといえよう6)。

さらに近年は資源の重要性に鑑み，2010年に入って資源・エネルギー分野の企業への投資が顕著となっていることも注目できる7)。これらはシンガポール政府がテマセク社を通じて産業政策を図っていることを意味するといえよう。一般に政府系ファンドの設立の目的の１つとして国家産業の育成の場合が見られる。政府系ファンドはリスク―リターン分析に基づいた優良企業への投資を行うことにより長期的な株主利益を図るとともに，同時に投資，株式売却，またはM＆Ａを行うことにより，長期的にみた産業政策にそった投資活動も行うケースが多い。テマセク社においても，これら分野への投資は資源の確保を意

図表４－３　テマセクポートフォリオ価値

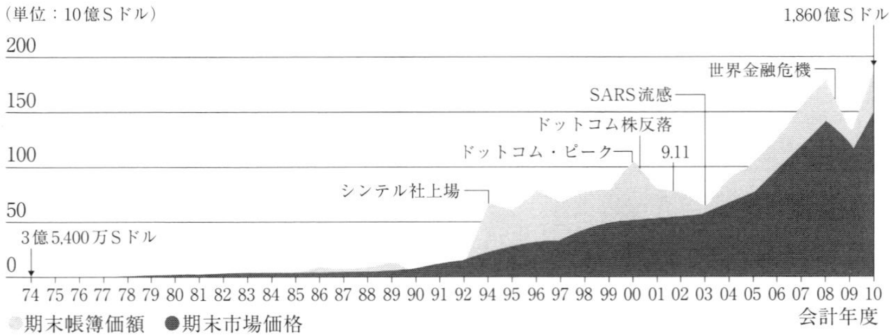

（出所）Temasek Holdings, *Temasek Reports 2010*, 2010, p.18より作成。
（注）1993年より会計年度期末が12月31日から３月31日に変更したため，1993年統計は未記載となっている。

識した重要なものとなっている[8)]。

次にテマセク社の内部構造をみていこう。人的構成として，取締役は11名で構成され，そのうち大部分は民間から登用した独立取締役である。これら取締役は傘下企業に対する日常業務への関与はなされず，意思決定はあくまでそれぞれ傘下企業が独立して行うとしている。傘下企業への関係について，必要に応じて取締役員などを含めた様々なステークホルダーと積極的に関与しているが，テマセク社が指導することはない。それぞれの経営者の監督の下で商業ベース・経済的理由に基づいて自律的に意思決定することを期待していると言及している[9)]。取締役の役割は，包括的に戦略的指針や政策を提示すること，またインベストメント，ダイベストメント含めた経営上の意思決定を行うことである（４億Ｓドル以下の比較的小型の案件に関しては，投資委員会で決定される）。またその任命や解任は，大統領の承認のもとで適正なガバナンスに沿って適宜なされているが，これはテマセク社の余剰金を管理・運用するという重要な任務を担保するためである。

テマセク社の投資戦略の転換時は，2002年からのホー・チン氏（首相夫人）の取締役・執行役員としての就任後である。この後，国際投資をより積極的に展開するという戦略の方向転換が図られた（ホーチン改革）[10)]。この投資戦略の結果として，同社の市場価値は2004年以降，急伸している。図表４－３にみられるように，1974年設立時当初のポートフォリオ純資産価値は３億450万Ｓドルであったが，2010年には1,860億Ｓドルに急伸している。設立以降，ＥＤＢから分離した多くの基幹企業がテマセク社に移管されてきたが，特に1993年の通信会社のシンテル社を皮切りに電力会社シンガポール・パワー社の公益事業などシンガポールの代表的企業が相次ぎ株式公開されたことから資産規模とともに収益額が急増してきた。テマセク社傘下のもとでこれらの企業は国際競争力ある企業に成長し，上場を行うことから収益の拡大に貢献している。このように高収益を実現する手段として，前章でみたように民営化は重要な経済政策の１つであった。特にＩＰＯは経済状況や産業の発展過程に合わせて随時，実施されてきている（図表４－１参照）[11)]。

近年の収益動向は，株価低迷の世界的連鎖を引き起こした9.11テロ事件，ＳＡＲＳ感染症の流行，2008年金融危機といった時期において収益を落としているものの，長期的な趨勢としてはポートフォリオ企業からの収益と直接投資により高収益を実現してきている。同社報告書によると，2010年３月末時点での運用資産は1,860億Ｓドルとなり，前年度決算で公表された20～30％運用資産の減少の損失を埋め合わせる高収益となったとしている。

また図表４-４に示されるように，設立以来の総株主投資利回り（Total Shareholder Return，ＴＳＲ）は年間平均16％である[12)]。株主資本によるＴＳＲ指標はポートフォリオ企業収益から生じた株主資本の年間成長率である。このＴＳＲは株主にとっての投資収益率を示す指標であり，株主価値を表すものである。 また設立以来の市価から算出したＴＳＲは17％となっている。このようにテマセク社のＴＳＲは多い時で26％に達しており，35年間の平均においても16％に及び，非常に高いリターンを維持していることがわかる。この高いＴＳＲを実現している健全な財務基盤は投資を積極化させる要因の１つとなりうるものであると推測される。以下にどのような投資手法により高い投資収益を

図表４-４　総株主投資利回り（ＴＳＲ）

期間（年）	株主資本	市場価格（％）
設立以来	16	17
30	14	16
20	14	16
10	12	6
5	14	14
3	7	2
2	2	0
1	26	42

（出所）Temasek Holdings, *Temasek Reports 2010*, p.19.

実現しているかを戦略の視点からみていきたい。

3　テマセク社の投資戦略と投資の意義

(1)　運用戦略と投資動向

政府系ファンドは一般的にみる投資ファンドとは意味合いが異なる。ファンドとは投資家から資金を集め，それを基金として株や不動産などの金融資産に投資し，運用リターンを投資家に還元する機関である。このように，通常ファンドは基金の出し手と運用者が異なるが，政府系ファンドのファンドとしての特徴は政府の余剰資金（政府自身の正味資産）を政府自身で運用するというものである。その政府系ファンドの形態として，(1)ファンド（基金），(2)国有企業，(3)政府当局に分類できるとされ[13]，政府余剰金をプールしたものをそのいずれかの形態をとり運用する。テマセク社の組織図は，図表4－5にみられるように，財務省が100％所有するテマセク持株会社（株式会社形態）が投資をする企業を傘下に置く形になっている。それら傘下企業が戦略に応じた企業投資を

図表4－5　テマセク社組織図

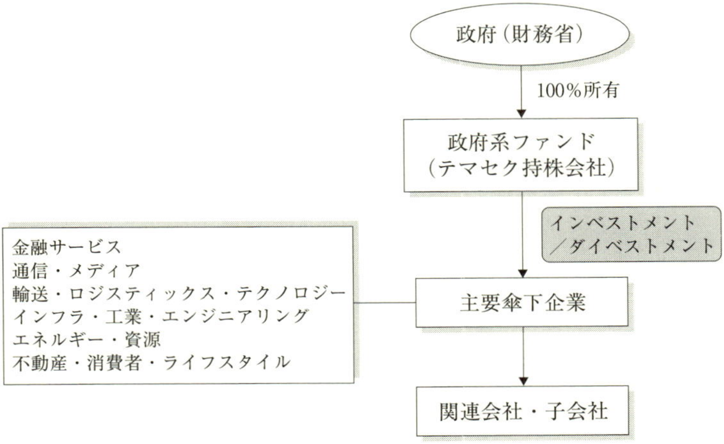

行っている[14)]。2009年には，完全所有のグローバル投資会社 SeaTown 持株会社を設立して4S億ドル以上の投資を移管している[15)]。

投資地域におけるポートフォリオ戦略は，地域ポートフォリオ戦略（directional portfolio mix）として40（アジア）：30（シンガポール）：20（ＯＥＣＤ諸国）：10（その他）の比率を取り，またリスク戦略（balanced risk posture）としては安定経済地域50％と成長振興国50％のエクスポージャを取っている[16)]。2009年の実績として，図表4－6にみられるように，シンガポール32％，他のアジア諸国（日本含む）46％，ＯＥＣＤ諸国（主にオーストラリア）20％，その他（ラテンアメリカ，東ヨーロッパや中近東諸国など）２％という内訳であった（2009年はそれぞれ31％，43％，22％，４％であった）[17)]。ＣＥＯのホーチン氏はプレスリリースにおいて，テマセク社はアジア地域企業を戦略的投資地域として考えており，今後さらに投資を増やしていく方針であると言及している。この流れを受けて近年の投資傾向として，ＯＥＣＤ諸国の投資が減少する一方で新興国の新たな潜在力をもった企業投資の増加がみられる[18)]。

テマセク社の目指す投資の方向性として，(1)長期投資家としての動向，(2)積極的な国外の企業投資というものである。一般に政府系ファンドの投資資金の特性として，自己所有の資金であるがゆえに，長期的な視野での投資が可能であることがあげられる。長期スパンの投資を志向するとしながらも，同社は不動産投資など流動性が低い投資は２割程度であり，流動性を高める投資を選考する場合が多い。2009年，2010年の資産の流動性をみると（図表4－6参照），上場資産投資（20％以上）が38％，43％，流動資産と上場資産（20％以下）が34％，34％，非上場資産28％，23％の構成となっている[19)]。実際のポートフォリオ資産は公表されていないが，比較的流動性を重要視し，上場資産，主に優良株（blue chip）に投資している。

このようにテマセク社は常に慎重に投資を実施することを強調しており，財務動向において，2009年のインベストメントが10億Ｓドル（ポートフォリオの強化のために３億Ｓドルに及ぶ傘下企業の株主割当発行による増資を含む），ダイベストメントが６億Ｓドル実施された[20)]。また資金調達の柔軟性を得るものとして，

図表４-６　テマセク社投資ポートフォリオ

（%）

地域別ポートフォリオ	2009年	2010年
アジア	43	46
シンガポール	31	32
ＯＥＣＤ経済諸国	22	20
その他	4	2
産業別ポートフォリオ	**2009年**	**2010年**
金融サービス	33	37
通信・メディア・テクノロジー	27	24
輸送・工業	19	18
生命科学・消費者・不動産	10	11
エネルギー・資源	5	6
その他	6	4
流動性ポートフォリオ	**2009年**	**2010年**
流動性資産＋上場資産（20%以下）	34	34
上場資産（20%以上）	38	43
非上場資産	28	23

（出所）Temasek Holdings, *Temasek Report 2010*, p.17.

2005年から社債を発行している[21)]。図表４-７にみられるように，同年に社債（米ドル建て10年物，発行額は17.5億米ドル，15年９月満期）を発行して以来，2010年までに８本を起債し，調達額は60億ＵＳドルに上る。これらはＳ＆Ｐ（スタンダードアンドプァーズ）社とムーディーズ社によりＡＡＡ／Ａaaの高い格付け評価を得ている。このようにＩＰＯや株式売却の他に社債の発行などによる外部資金の調達も積極的に行い，資金調達に多様化がみられる。特にテマセク社は外部からの資金調達の必要性はないが社債発行はリアルタイムの信用リスクの指標となり，また新しいステークホルダーを作り出す手段となっている[22)]。

図表4－7　テマセク債券—発行概要

債券	通貨	発行額（10億ドル）	クーポン（%）	発行利回り（%）	発行日	償還日
T2015-US$	USドル	1.75	4.5000	4.5750	2005. 9 . 5	2015. 9 .21
T2019-US$	USドル	1.5	4.3000	4.3280	2009.10.26	2019.10.25
T2039-US$	USドル	0.5	5.3750	5.4410	2009.11.23	2039.11.23
T2029-S$	SGドル	0.3	4.0000	4.0000	2009.12. 7	2029.12. 7
T2039-S$	SGドル	0.3	4.2000	4.2000	2009.12. 7	2039.12. 7
T2020-S$	SGドル	1.0	3.2650	3.2650	2010. 2 .19	2020. 2 .19
T2025-S$	SGドル	0.5	3.7850	3.7850	2010. 3 . 5	2025. 3 . 5
T2035-S$	SGドル	0.5	4.0475	4.0475	2010. 3 . 5	2035. 3 . 5

（出所）Temasek Holdings, *Temasek Report 2010*, p.32.

このような柔軟な資金調達と慎重な投資行動は，年次報告書のなかにおいて，傘下企業の積極的な株主であり，かつ投資家であることを謳っていることからも窺える。株主としては，傘下企業のエクセレント文化，リーダーシップと健全なガバナンスを奨励し，また投資家としては長期的リスク-リターン戦略において収益を最適化し，さらにポートフォリオ所有者としては，集中ポジションやキャッシュ戦略を取るとともに柔軟な長期投資視野に基づいた投資を行う，としている[23]。傘下企業に対する株主としてのスタンスは，経営陣は，常に収益性，持続的な株主価値の最大化を追求し，一貫して所有企業の企業支配に及ばないことに言及している。また長期投資家を志向し，ポートフォリオとして国内およびアジア地域の優良株式を所有していることに言及している。

また近年の投資戦略は，4つのテーマ—「変容する経済（Transforming Economies)」，「中流階級の振興（Thriving Middle Class)」，「比較優位の深化（Deeping Comparative Advantages)」，「エマージング・チャンピオン（Emerging Champions)」に集約される[24]。これには，国民経済を考慮して，競争力をもった経済を振興するために，潜在力ある地域で優良な企業に投資をしていくとい

図表４－８　テマセク憲章（Temastek Charter）

テマセク持株会社はステークホルダーに持続的な長期的価値を創造し，実現するために商業原理で運用される**投資会社**です。

テマセク社は株主価値を創造し最大化するために，傘下企業，その他の資産，先駆的で革新的な商品，事業における投資を増やし，切下げ，もしくは保有する**意欲的な価値重視型の投資家**です。

テマセク社はポートフォリオ企業の経営陣や取締役に以下の点を従事させることで持続的な収益の達成を目標にする**アクティブな株主**です。

価値（Value）
誠実，聡明そしてエクセレンスな価値のある文化を育成します。

焦点（Focus）
コアコンピタンス，顧客満足，イノベーション，営利的規律や堅実な価値創造において明確な焦点を維持します。

人的資源（Human Capital）
高い能力と知性を兼ね備えた取締役と経営陣のリーダーシップ，また同様に献身的で責任感ある従業員を育成します。

持続的成長（Sustainable Grouth）
優秀なビジネスリーダーシップ，財務原則，操業上での卓越性そして健全なコーポレトガバナンスを制度化します。

戦略的オプション（Strategic Option）
重要性のある国際的また地域的ブランドもしくはビジネスを構築するために戦略的オプションを創造します。

テマセク社は責任ある企業市民であり，より広いコミュニティの成長と発展を促進するために利益の一部を還元します。

（出所）Temasek Holdings, *Temasek Report 2010*, p.5.

う意味合いがある。世界の政府系ファンドの設立目的は資源の枯渇に備えることや蓄積した外貨準備の積極運用など様々に考えられるが，テマセク社の投資の意義は，国民経済の安定とともに潜在力を持つ企業を常に追求していくことに視点をおいた戦略的投資であると考えられる。いくつかの政府系ファンドは外部の資産運用会社に委託する場合や外部のファンド・マネージャーのリクルートがみられる。これらの投資を実現するためにテマセク社においても，インハウス型ファンドマネージャー育成とともに，積極的に外部からの登用も行っていることが特徴としてあげられる。

(2)　テマセク社の政府系ファンドとしての特質

シンガポールでは労使双方の強制的年金積立てであるＣＰＦがある。増大するそれらの年金資金をはじめ，民営化収益や外貨準備高も積み増してきたこともあり，それら政府余剰金を運用する必要性が生じていた。そこで政府は分散投資による積極的な資産運用を行うことを決定した。そのため政府による外貨準備の運用機関としてＧＩＣを設立した。また同時に民営化（株式放出）によって生じた偶発的収益をテマセク社が運用するという投資の役割が分担された。以下に財源，情報開示，戦略アロケーションの視点からテマセク社の政府系ファンドとしての特徴をみていく。

テマセク社に関しては，既述したように政府系ファンドであるか，否かという議論があるが，これはいまだ政府系ファンド自体が明確に定義づけされていない関係上，議論するのは困難である。一般に，政府系ファンドの定義は政府資金が投資の資金源となっており，その投資において長期的視点でリスク性の高い資産に積極的に投資を行うものである[25)]。いずれの国も何らかの経済的事情によって政府自身がファンドを設立している。その政府系ファンドとしての前提条件は，政府自身に依存した財源であるかどうかという資金の性質がある。この意味するところは，運用資金が外部資金ではない政府自身の資金であるということである。それは，余剰資金をもたない政府があえてファンドを設立する必要性はないといえる。またこの財源には資源による収入（comodities）か，それ以外の資源，多くは輸出による外貨準備高（non-comodities）とに二分されるが，場合によっては民営化など国家の偶発的収入なども加えられる。テマセク社の場合は，テマセク自身が所有する資産からの配当といった収益に加えて，積極的なＩＰＯや株式売却益が主な資金源であるが，それに加えて近年は社債や借入れなどの債務もある。設立当初からの国内外企業の平均投資利益率が16％に及ぶことからも窺えるように，基本的には余剰資金に基づいた投資を行っており，社債発行は財務構造の柔軟性をもたせ，また外部監視を取り込むためのものであると思われる。特にＣＰＦ資金や外貨準備に関しては，それらの運用を行う機関ではないことを明確に言及している[26)]。

また政府系ファンドの特徴の１つである情報開示の有無の視点から見ると，テマセク社はシンガポール会社法に基づいた私企業（Temasek Holdings Private Limited）である。設立当初は情報非公開の立場（開示義務の免除企業〈Exempt Private Company〉）をとってきたが，2004年からは連結財務情報を含めた監査報告書（Auditors' Reports）を公表し，民間の企業と変わらない情報開示に取り組んでいる。この点からは情報を一切開示しないスタンスを取る他の政府系ファンドとは異なっている[27)]。年金基金などの他の機関投資家と比較して，政府系ファンドは政府の財源であるために，投資への情報開示や説明責任の義務を必要としない。しかし，そのことがリスク性ある資産への積極的投資の意思決定を容易にして，かつ可能にする要因ともなりうるといわれる。そのようななかでテマセク社は情報開示において高く評価される数少ない政府系ファンドといえる。

さらには政府系ファンドの資産運用のあり方として，同社は，アセットアロケーションなど資産の種類などは詳細に公表していないが，企業の株式を中心に投資を行うことを特徴としている。これにはＯＥＣＤ諸国のほかにアジア地域の企業への投資比重が大きくなっており，地理的な投資戦略に応じて投資を多様化しリスク分散を図っている。近年のサブプライム時の欧米諸国の金融機関への資本注入は，中国や他の中近東諸国の政府系ファンドのそれを上回って，注目された。シンガポールの両社を合わせると二百数十億ドル強の投資を行っており，これは世界の政府系ファンドのなかでも最大の投資額となっている[28)]。テマセク社の出資額は，バークレイズに19億ドル，メリルリンチに44億ドル，さらに追加出資によってメリルリンチに６億ドル，バークレイズに14億ドル，スタンダード・チャタードに40億ドルに及ぶと報道されている。同社報告書によれば，2007年末時点の同社が所有する株式比率は，スタンダード・チャタード19%，メリルリンチ９%，バークレイズ２%としている[29)]。しかし，近年は地域別投資戦略にみられるように，欧米の金融機関の所有比率は下げており，変わってアジア地域の優良企業の投資を増大させる方向にある。

4　結　びー政府系ファンドの意義と今後の課題

政府系ファンドを設立する意味合いは国の事情によってそれぞれ異なっているが，シンガポールが政府系ファンドを作る固有の意義は国家的枠組みの中での経済政策の１つと考えられる。シンガポール政府は，独立以降，国民が経済の安定と繁栄を享受することを第一義として国家運営を行い様々な政策をとってきた。例えば1993年シンガポール国有の通信会社シンテル社を上場させる方法にあっては，ＣＰＦに加入している国民に株式を無償で割り当てる方法をとり，経済成長の成果を国民に分配した。また，近年では財政黒字を国民に還元すべく株式や現金支給（プログレス・パッケージ）を実施したのもその表れであろう。近年では，憲法改正によりテマセク社が挙げた投資利益を一般会計に組み込まれるようになった[30)]。これはＭＡＳとＧＩＣの運用した準備金からのキャピタルゲイン50%ともに，テマセク社の運用する準備金の金利と配当金収入50%を合わせた純投資収益（ＮＩＲ）が一般会計に組み入れられるものである。このことは，テマセク社の当初の国内産業育成による収益獲得という目的から，投資において高収益を追求して獲得した利益を国民に分配し，また政府財源の増加に寄与させるという方向に変化していることを表している。テマセク社の投資の位置づけにおいて重要性が増しているといえよう。

さらにテマセク社は，Temasek Care，Temasek Foundation など６機関を

設立して非営利の社会貢献プラットフォームを組織し，余剰金の一部を社会貢献や福祉活動に積極的に充てていくことを2003年に公表している。設立以降のコミュニティ投資は10億Ｓドルに及び[31)]，それはテマセク社の運用利益を国家の福祉や社会保障目的の実施によって国民に還元する１つとなっている。

しかし，このような国内的にみた現状とは反対に，国際的視点でみると，テマセク社の国家を超えた投資は他国の企業支配に及ぶ問題を孕んでいる。一般に政府系ファンドの情報開示が進んでいないことが原因となり脅威論が浮上して批判の対象となる場合が多い。公的資金の株式投資の是非に関しては別の機会に譲るが，国家資金（公的資金）による他国企業の株式投資が政治的問題を引き起こすことが指摘される。実際にテマセク社による2006年タイの衛星通信企業シン・コーポレーション[32)]のＭ＆Ａ問題は当時のタクシン政権の崩壊に発展し，買収企業の株価暴落により大きなキャピタルロスを生んだ。また2007年インドネシアの通信会社 Telkomsel 社と Indosat 社[33)]の株式取得はいずれも独占禁止法に抵触するとして，事業競争監視委員会（ＫＰＰＵ）により売却命令が下される問題にまで発展した。いずれもテマセク社は過半数を所有するものでなく，かつ企業支配を目的としない株式取得であるとの主張をしている。またサブプライム時のメリルリンチ，バークレイズなど欧米諸国の金融機関に対する出資も政治的意図に基づいた投資であるかという点が国際的議論として浮上した[34)]。

以上のような，対外的問題を孕みながらも，近年，テマセク社は自らを投資会社として位置づけて，国内外の市場で企業を中心にした投資を積極的に展開している。2004年からは長期視点をもった積極的な投資家と投資姿勢を明確にして，財務内容も公表に踏み切っている。その投資は，国民経済の安定と繁栄という国家にとっての包括的リターンを目指すべきものであり，それは設立以来一貫して追求する究極的目的であると思われる。

(注)

1）テマセク社会長ダナバラン氏は，近年の金融市場における政府系ファンドの役割の大きさに言及しつつも，テマセク社は法律に則り事業を行う投資機関として他の政府系ファンドと異なっていることを強調している。Temasek Holdings, Speech by S. Dhanabalan, Chairman, "Temasek Holdings on the Role of Sovereign Funds in Today's Globalization" at the TIE（The Indus Entrepreneurs）event, 21 August 2008.

2）近年，公表されたテマセク年次報告書（Temasek Review）やテマセク憲章（Temasek Chater）によると，明確に同社を企業支配に関知しない投資会社と謳っている。

3）1991年改正のシンガポール憲法のもとで 'Fifth Schedule Company' としてのちに指定されるようになった。他には中央積立基金（Central Provident Fund, ＣＰＦ），ＧＩＣ，通貨庁（Monetary Authority of Singapore, ＭＡＳ）が含まれる。これらは取締役やＣＥＯの承認，現政権以前それらが積み立てた過去の準備金の引き出しなどにおいて大統領の承認が必要とされる。

Temasek Holdings, "With Tommorrow in Mind", Remark by Ho Ching Exective Director and CEO, at an Evening with Junior Pyramid, 12 May 2009.

4）Linaburg-Maduell Transparency Index による透明性指数（監査レポート公表やウェブサイトでの開示などファンド自身の情報開示のレベル）では，ノルウェー政府年金基金を筆頭にして，テマセク社のほかにはアラスカ永久基金（米国），アイルランドの国家年金準備基金などが開示度最高の10レベルで公表されている。（http://www.swfinstitute.org/fund-rankings/）

5）落合大輔「シンガポールの証券市場改革」『資本市場クォータリー』野村資本市場研究所，1998年参照。

6）本田智津絵「世界経済危機時の損失を回復－政府系ファンドＧＩＣとテマセク(1)」日刊通商弘報，ジェトロ，2010年10月18日。2010年に入り収益が回復し，ＧＩＣとともに大型ＩＰＯをする例が見られるようになった。10月，100％所有のメイプルツリー・インダストリー社傘下の不動産投資信託メイプルツリー・インダストリアル・トラストのＩＰＯを実施して約12億Ｓドルの資金調達を行っている。

7）Temasek Holdings, *Temasek Report 2010*, 2010, pp.9-10.

8）特に国有企業形態の政府系ファンドは投資目的に国内産業育成の役割を担うケースが多いとの指摘がある。それは国有企業という企業形態がファンド形態に比較して，産業に関するノウハウや人材を獲得しやすいという理由による。また戦略においては企業買収が多い。谷山智彦，福田隆之，古賀千尋『政府系ファンド入門』日経ＢＰ社，2008年，pp.60-61。

9）Temasek Holdings, "Frequentry Asked Questions：How dose Temasek work with it's portfolio companies?"（http://www.Temasekholdings.com.sg/media_centre_faq.htm）[2010/10/12]

10）2006年タイのシン・コーポレーション買収が政局混乱を引き起こした問題において，

タイ・タクシン首相（当時）一族とシンガポール・リー首相一族の長年の懇意関係があり，ホーチン女史がテマセク社のＣＥＯであることも批判された経緯がある。

11）テマセク社は，ＩＰＯを通じてＰＥの経験を積んでいったとの指摘がある。1987年のブラックマンディ以降，世界では新興市場を含めた分散投資やＰＥ投資が拡大していく局面にあったという。小原篤次『政府系ファンド―巨大マネーの真実―』日本経済新聞出版社，2009年，p.56。

12）Temasek Holdings, *op.,cit.*, 2010, p.19.

13）谷山智彦他，前掲書，2008年，p.55。国有企業には政府出資により設立された株式会社や持株会社の法人形態を含む（図表１－９参照）。

14）さらに金融機関中心で投資家に対する情報開示を必要とするファンドである投資信託などによる運用をグループ内で運用していることも他の政府系ファンドにはみられない特徴である。（小原 2009, p.14.）

15）Temasek Holdings, *op.,cit.*, 2010, p.10.

16）Temasek Holdings, *Temasek Review 2009 Technical Briefing*, p.30.

17）Temasek Holdings, *op.,cit.*, 2010, p.17.

18）Temasek Holdings, "Buildings a Sustainable Institution", Lunch, Lunch Remarks by Ho Chin CEO Temasek Holgs, Institute of Policy Studies Corporate Associates Lunch, 29 July 2009, pp.6-8.

19）Temasek Holdings, *op.,cit.*, 2010, p.17, p.53.

20）*Ibid.*, p.38.

21）テマセク社債券に関しては以下参照。Temasek Holdings, Keynote Address by Ms Leong Wai Leng Chief Financial Officer, At the ５th Asian Bond Markets Summit Pan Pacific Hotel, Singapore, 16 November 2010.

22）Temasek Holdings, 29 July 2009, p.3.

23）Temasek Holdings, *op.,cit.*, 2010, p.37.

24）Temasek Holdings, *op.,cit.*,（http://www.temasekholdings.com.sg/media_centre_faq.htm）[2010/10/12]

25）拙稿,「政府系ファンド（ＳＷＦｓ）における投資動向分析―ストラテジック・アセット・アロケーションの考察から―」『創価経営論集』第34巻　第２・３合併号，2010年，p59.

26）Temasek Holdings, "Temasek does not manage Singapore's foreign Reserves", Goh Yong Siang Senior Managing Director Head, Strategic Relations,（Media Letter and Responses）22 November 2010.（http://www.temasekholdingd.com.sg/media_centre_response_22November2010.htm [2010/11/30]）

27）Temasek Holdings, *op.,cit.*, 2010, p.24. 現在，企業開示を行う政府系ファンドはノルウェーのペンションファンド-グローバルやテマセク社など限定されている。

28）欧米の金融機関に行った資本注入は主に優先株の投資であったことが多く，この点に関して，短期収益を求める投資家に転売することが難しくなるが，長期収益を志向する政府系ファンドは，敢えて流動性低い優先株に投資してプレミアムを得る行動にでると指摘されている。立松博史「特集　グローバルマネーの台頭と経営戦略―グローバルマネーの台頭に変化を求められる企業戦略」『知的資産創造』2008年11月，p. 8.

29）所有比率は2008年３月31日時点の数値。Temasek Holdings, *Temasek Review 2008*, p.38.

30）本田智津絵，前掲雑誌，2010年10月18日。

31）Temasek Holdings, *op.,cit.*, 2010, p.70.

32）拙稿「第２次リー・シェンロン内閣始動へ」『アジア動向年報』アジア経済研究所，2007年，pp.378-379。

33）Temasek Holdings, "Temasek Holdings fight KPPU decision：Submits appeal to the Central Jakarta District Court"（News Release）18 December 2007.

34）2008年３月米国議会公聴会に召集された同社取締役のサイモン・イスラエル氏は同社の投資は長期的視点からみた収益を専ら目指すものであり，企業支配には関知しないことを主張した。Temasek Holdings, Mr Simon Israel, Executive Director, appeared before members of the House Financial Services Committee on Wednesday, 5 March 2008, to present Temasek Holdings' views on Foreign Government Investment in the United States Economy and Financial Sector.

第5章

シンガポール政府投資公社（ＧＩＣ）の投資行動と投資戦略

1　はじめに

シンガポールは，マレーシアからの分離・独立後は外資導入による輸出志向工業化を施行した。これにより，80年代初めには知識・技術集約型の産業構造の転化に成功し，さらには金融・サービス産業の育成や交通のハブ化戦略を採ることで経済における国際的地位を確立してきた。この工業化のプロセスを経た経済成長は財政と輸出による貿易収支の黒字化を生み出し，結果的に多額の外貨準備高を蓄積することとなった。またこれと同時に経済成長に伴った強制積立年金である中央積立年金基金（Central Provident Fund；ＣＰＦ）[1]の累積は増加を辿り，これら政府剰余金を政府がいかに運用するかという議論を生み出す契機となっていった。

そのため，シンガポール政府は1974年財務省のもとで政府持株会社として設立していたテマセク社（Temasek Holding Pte. Co.）を投資会社へと変容させていった。また，1981年通貨管理庁（ＭＡＳ）のもとで外貨準備を運用する機関としてシンガポール政府投資公社（Government Investment Corporation；以下ＧＩＣ）を設立し，強固な運用体制を構築するようになった。両社の投資の原資は，テマセク社が民営化によるキャピタル・ゲイン収益や配当収入など政府の余剰金，ＧＩＣは外貨準備であり，明確に区別して運用されている。前者は主に国内外の企業投資を中心に，後者は株式などの伝統的資産のほかにオルタナティブと呼ばれるリスク資産を含めた投資を実施している。これらの政府資金の運用目的は，国富を増やすことであり，少子化など将来の不安定要因に備えて長期的に分散運用することを明確にしている。またその運用は民間から登用したファンド・マネージャーに委託し，徹底的なリスク管理・ポートフォリオ運営を行い，また近年は投資家としての情報開示を実施して投資の透明性を高めるように努めている[2)]。本章では，ＧＩＣに焦点を当て，シンガポールが経済発展をする過程において，政府が外貨準備を運用する専門機関を設立するようになった経緯と，その投資戦略の分析を行うものである。

2　シンガポール経済とＧＩＣの設立の経緯

ＧＩＣは1981年にシンガポール会社法のもとで政府が100％所有する形で設立された。政府資産（外貨準備高）の運用という目的のもと，現在は多様な投資手法を用いて国際的に幅広い資産クラスに投資している運用主体である。公式の資産額は1,000億ＵＳドル超となっている[3)]。会長は設立から2011年５月に退任するまで30年間リー・クワン・ユー（初代首相）顧問相が務めたが，現在は現首相のリー・シェン・ロン（Lee Hsien Loong）氏である。その組織と運用に関しては政府とＭＡＳの監視を受ける。

図表５－１　20年間平均実質収益率の推移（％）

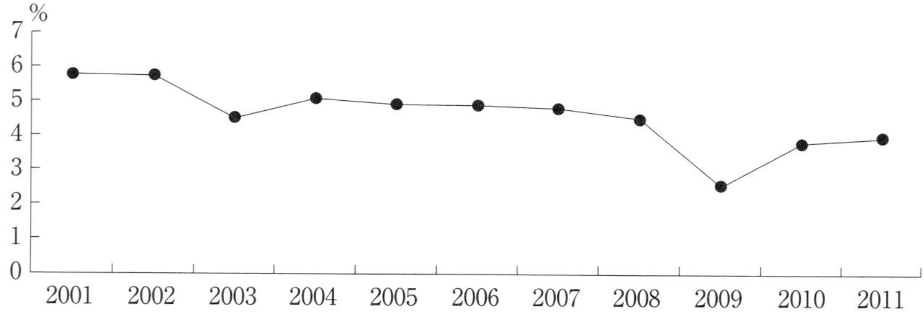

（出所）GIC, *Report on the Management of the Government's Portfolio for the Year 2010/11*, p.9.

2010年（2011年３月時点）の名目平均収益率は7.2％（米ドル建て）であり，20年間平均実質収益率は3.9％である（図表５－１参照）[4]。比較的高い収益率を維持している同社の運用理念は，ＰＲＩＭＥ（prudent；思慮，respect；尊敬，intregrity；誠実，merit；実績，excellence；秀逸）であり，専門の投資家としての慎重かつ思慮深く，かつ収益性を目指した投資の姿勢を表している[5]。しかし，2008年に顕在化した金融危機時に欧米諸国金融機関へ出資したことで翌年の名目平均収益率は5.7％と落ち込んだ。その後の世界経済が回復基調となったことから，2010年３月期決算では短期間で危機時以前の収益水準に持ち直している。以下にＧＩＣの設立経緯について検討する。設立の背景に触れた文献は少ないが投資主体としての性質をみるために重要であるので，ＧＩＣの年次報告書やＨＰ上で公表していることを中心にみていく[6]。

(1)　外貨準備を運用するに至った経緯

1970～80年代は世界的スタグフレーションの状況下にあったが，シンガポールでは民間貯蓄や政府部門剰余金とともに外貨準備が増大してきた時期であった。当初，この外貨準備はＭＡＳが短期資産で運用を担っていた。しかしながら，当時は投資知識をもった人材の欠如など運用体制が未整備という状況のなかで運用損を被ったこともあり，政府は将来の運用に対して危機感をもっていた。そこで1981年，当時のＭＡＳ長官（兼任副首相）であったゴー・チョクトン（Goh Chock Tong）はリー・クワン・ユー首相（当時）に対して，長期的に国家資産を高めるため，増大する外貨準備を効率的に運用する政府から独立した専門的な運用部門の設立を進言した。当時，ゴー副首相に推薦されて初代執行取締役となったのはヨン・プン・ハウ（Yong Pung How）氏であった。同氏は，ゴー前首相に政府と切り離して，外貨準備を保有せずに（借り入れる形で）運用する私会社として新組織を法人化することをアドバイスした。これはＭＡＳに中央銀行としての役割を集中させる意図もあった。この経過を辿り，1981年５月22日にＧＩＣが設立された。ゴー副首相はリー首相に対して初代会長に就任するように提案し，自身は副会長に就任した。ヨン氏はゴー副首相からＭＡＳ

の経営資源を引き継ぎ，ＧＩＣを新しい投資会社としてスタートさせた。最初の投資は株式投資と不動産投資から始められ，国際市場への投資は24時間体制でテレックスを用いたものであった。

1990年代に入ると，世界各国から運用部門の人的資源のリクルートによりＧＩＣの運用スタッフ（GICians）は急速に拡充した。当初，公的部門から獲得されていたスタッフは，1980年代後半からは多くが民間からリクルートされるようになった。このようにＧＩＣでは特に人材開発を発展戦略として重要視してきた。1994年に国籍を問わずに有望な学生に対する学部生奨学プログラムを開始し，また世界のトップ大学からのリクルートを行った。この結果，多様化した人材強化がみられるようになり，現在の部門ごとの高度な専門性を有した人材の配置はＧＩＣの投資会社としての強みとなっている。1987年当時のスタッフ数は20人から10年後は360人に拡大した。現在，同社の投資価値であるＰＲＩＭＥを実現する人材層は1,000人にまで増加して，そのなかでも投資の専門家は30カ国以上から集まり運用体制が一層強化されている。さらに2007年からはＧＩＣスクールを設立して，専門技術を有した将来のリーダー育成を行っている7)。

このＧＩＣの組織発展の転機は1985年にピレイ（J. Y. Pillay）氏がＧＩＣの執行取締役を引き継いだ時である。同氏はＭＡＳからＧＩＣを分離するプロセスを基本的に継承し，最初に長期債券の運用をＭＡＳからＧＩＣに移管して，債券部門を創設した。またシステマティックな投資プロセスやスタッフ報酬に対する市場志向型インセンティブ・アプローチを採り，より強力な経営組織を敷いた。

その後，同社はブラック・マンデーやアジア通貨危機など世界的金融危機による金融市場の暴落に直面したが，安全な債券エクスポージャーを増やすなど投資戦術を変更して危機を切り抜けてきた。また国際的・地域的経済のマクロ分析や投資のあり方を検討する内部アナリストを多数擁し，環境の変化に応じて臨機応変に投資戦略を変更しうる体制を整えるようになった。このように現在では国際的な投資会社として成長するようになったが，その背景にはシンガポールの金融システムや法制度が比較的整備されていたことが指摘されている。以下に，ファンドを支える背景となった金融制度に関して概観したい。

(2)　金融市場と政府系ファンド

シンガポールには４つの公的金融機関が存在している。それらはシンガポール開発銀行（Development Bank of Singapore Group Holdings；ＤＢＳ）をはじめ，ＣＰＦ，テマセク社，ＧＩＣであり，それぞれの役割のもとに資産の運用を図っている。特にＤＢＳ以外の公的金融機関の３行は国民金融資産を増やす重要な役割を担い運用を行っている。年金基金であるＣＰＦの運用資金は国民の拠出金であり，将来の年金や退職金支払いとして安全性を守る意味からもシンガポール通貨建ての変動利付国債というローリスクの運用が中心となっている。またテマセク社は民営化した政府系企業からの上場益や配当収益が原資であることからよりリスク性ある投資が可能になっており，ハイリスク運用で高収益を追求し，自己勘定の運用である。一方，ＧＩＣは後述するが，テマセク社と同じ政府系ファンドでも原資が外貨準備であることもあり，その運用は安全資産の投資を基本としながらも，一部リスク性資産へ投資を行うという総体的にはミドルレベルの運用を目指している。いずれの機関もシンガポールが目指す資産運用拠点の制度化とともに，それを利用した運用体制を強化してきている。

この政府資金の運用体制は，シンガポール政府が採ってきた金融制度の振興策と関連していることが窺える。そもそもシンガポールでは，1965年独立後の経済振興政策の一環として，政府が金融部門を自国経済の成長軸の１つとして位置づけてきた経緯がある。しかし，アジア諸国の競合的金融市場の出現などもあり，金融部門の競争力を高めるために資本市場の改革に乗り出すことになった。特に1997年終盤から，ＭＡＳが主導となり金融部門の国際競争力を目指した規制緩和政策を実施しており，そのなかでも証券市場の活性化やファンド・マネージメント市場の拡大など資産運用ビジネスの強化が発展政策の中心におかれた。

これら一連の施策のなかで特に注目される点は，公的金融機関の余剰資金の運用のために民間のファンド・マネージメント会社を活用することが決定されたことである[8]。それを受けてＧＩＣの運転資金のうち，100億Ｓドルから250億Ｓドルを民間のファンド・マネージメント会社に運用委託されることが決定した。また運用ノウハウの蓄積を目指すためにＣＰＦの資産運用の手法を多様化するという改革が実施された。同時に，ＣＰＦ資金を運用するファンド・マネージャーの資格における規制も緩和されるようになった。このＧＩＣ資金の民間委託の背景には，公的金融機関の活性化とともに欧米諸国の金融機関の先端の金融技術の獲得を目指していることがあるといわれている[9]。それは，2000年前後に金融制度の高度化が図られるようになったなかで，資産運用の制度化のために，政府が公的金融機関である政府系ファンドの資金運用を活用させるようになったことに現れている。

3　ＧＩＣの投資戦略

(1)　外貨準備運用の意義

ＧＩＣの運用原資は外貨準備であり，同社の使命はこの外貨準備の国際購買力を維持し高めることにある。この外貨準備とは，通貨当局が変動する為替レートの安定化，対外債務の返済や輸入代金の決済などのために積み上げている外貨のことである。特にアジア諸国やＢＲＩＣｓなどの輸出志向型の工業国において，輸出拡大に伴った巨額の経常黒字を生み出していることから外貨準備を積み上げていることが多い。またそれは，資金の性質上，米国債などローリスクの資産や優良企業株式（ブルーチップ）で運用される場合が多い。しかし，近年，この一部を切り離して，より高リターンを狙ったリスク資産運用に転換するために政府系ファンドを設立するケースが見られようになってきている[10]。既述したように，ＧＩＣもＭＡＳから切り離した形で高収益を目指して運用する主体として，米国国債等だけでなく国際金融市場での積極的なリスク資産の運用を行っており，近年，世界的注目を集めるようになっている。

一般に，外貨準備を保有している国全てがファンドを作り積極的なリスク運用を行っているわけではないことから[11]，外貨準備があるだけでは政府系ファンドを作ることには繋がらないという指摘がある[12]。シンガポールの場合は，現在と将来の世代の国民利益のために，政府は外貨準備を効率的に運用することを重視してきた[13]。以下にシンガポールにおいて外貨準備を運用するために政府系ファンドを設立する合理性と背景をみていきたい。

シンガポールでは，1960年代が工業化の初期段階であり，当初は軽工業を中心としていた。その後，外資を梃にした産業政策に転換し，輸出志向の工業化に成功していく。1970年代に外資の半導体メーカーなど電子産業の誘致に成功して以来，政府の外資誘致のインセンティブもあり，次第に製造業部門の多くの外資が集積して産業の高度化が図られていった。工業化の進展によって輸出額は堅調に伸びるようになったが，経常収支が黒字に転換し始めたのは，より高付加価値の産業に転換した1980年代に入ってからであった。

1990年代半ばに入ると国際経常黒字は一貫して拡大を続け，それに伴い外貨準備高も累積してきている（図表５-２）。これは政府が施行した工業化政策が

図表５-２　外貨準備高の推移（単位：100万Ｓドル）

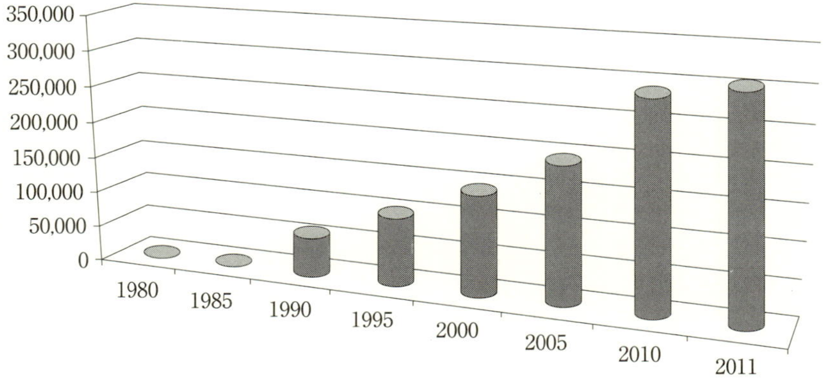

（出所）1980，1985年：Department of Statistics, *Economic & Social Statistics Singapore 1960-85*, p.96. 1990年：MAS, *Annual Report 1998/98*, p.117. 1995，2000年：MAS, *Annual Report 2001/02*, p.84. 2005年：MAS, *Annual Report 2006/07*, p.101. 2010，2011年：http://www.mas.gov.sg/data_room/reserve_statistics/Official_Foreign_Reserves.html.

奏功し，輸出額が輸入額を上回るようになったことが要因となっている。一般的に政府系ファンドの設立契機は，資源輸出に基づく剰余金の拡大か，もしくは国際収支の黒字化による外貨準備高の累積の増大である。シンガポールの場合は後者の外貨準備の増大が顕著であり，その累積額は2011年10月時点で3,072億Ｓドル（2,454億ＵＳドル）に到達している[14)]。

またシンガポールでは，1981年から自国通貨（Ｓドル）を主要な貿易国の通貨からなる通貨バスケット制に連動した通貨フロート制を採り，国内の物価水準の安定を図るために為替レートが決められている。シンガポールのような貿易国では，為替レートの水準の操作が物価安定の手段として重要であり，実際に，このような政策のもとで物価の安定を実現して成長を遂げた経緯がある。そのために物価安定を目的とする為替レート水準を維持するために，為替介入に用いる外貨準備を売却するのは難しくなる。つまり，累積した外貨準備を保全するために，より効率的に運用することが重要になってくるのである[15)]。

シンガポールでは，外貨準備高をグローバルに運用するＧＩＣを自ら政府系ファンドと位置づけ，将来の世代にわたる国民の利益のために資産の積極的運用を行うことを公言している。特に政府は外貨準備の投資収益の一部を一般会計に繰り入れることを認めており，経済政策上，重要な役割をもつものとなっている。外貨準備は資金の性質上，堅実な運用を求められるものであるが，以下にこのような外貨準備を運用するＧＩＣの投資がいかに実施されているかに関してみていこう。

(2)　ＧＩＣの投資戦略

一般に政府系ファンドは情報の非公開性が指摘される場合が多いが，2008年，ＧＩＣは投資に関する情報公開に部分的に踏み切った。未だに公開資料が限定されているが，その中から投資の方向性や戦略を検討していく[16)]。

政府系ファンドの共通する投資の特徴として，政府資産のグローバル市場での長期的かつ積極的なリスクを取るエクイティやオルタナティブ資産による運用であるとされる。さらに政府系ファンド固有の投資の特徴は，(1)投資の迅速性，⑵投資額の大きさ，⑶流動性に関わらず投資を行うという指摘がある[17)]。実際に世界の機関投資家は金融市場において投資を積極的に行っているが，政府系ファンドの場合はより多様な投資手法を用いた投資動向になる。それは，それぞれの国がもつ独自の社会的・経済的背景のもと政府自身の資金を運用する必要が生じ，その結果，政府の意図を反映した何らかの収益を求める投資を行うようになるからである。その投資の性質は，概して長期的スパンであり，かつリスク性投資の志向性をもつ。しかしながら，一方で政府系ファンドは国家（政府）が所有する資金の性質により投資が規定されるのであり，そのことにより投資動向が異なってくる一面もある。

ＧＩＣに関してみてみると，将来世代に向けた収益の獲得のために外貨準備を国際的なリスク性資産を含めた運用を行っている。以下に外貨準備を運用原資とする場合の政府系ファンドの投資動向をみていこう。一般に，それらを運用する政府系ファンドの投資は，⑴不安定な投資期間，⑵流動性を重視したポートフォリオ，⑶通貨分散投資への制約，⑷ミドルレベルでの投資利回り，⑸国策投資の必要性，といった特徴がある[18)]。これは為替介入を行う時期や資金規模が不確定であること，またそれゆえに必要な場合にできるだけ現金に換えやすい流動性のある投資の必要性があるためである。つまり外貨準備の運用では流動性の低い不動産やインフラストラクチャー等を投資資産としてポートフォリオを組むことには向かないのである。このように外貨準備は一般的には投資利回りのリスクが高い投資には向かない資金であると言えるが，必ずしもこの種の政府系ファンドが一概に同じ特徴をもつとは言えない。例えば，ＧＩＣの場合，経済の長期的安定性とともに投資収益の高さから流動性を犠牲にしてハイリスクを目指す投資を行うことが可能である。これは，実際にヘッジファンドによるハイリスク投資や不動産等の流動性の低い投資を増やしていることからもみて取れる。

年金基金などの機関投資家の投資活動においては，政策ポートフォリオ（Policy Portfolio）が重要とされているが，これは，投資する資産クラスの選定やいかに資金を各資産クラスに配分するかという投資政策である。またそれは

図表５－３　資産アロケーション（2008年-2011年）

（%）

資　産		2008年		2009年		2010年		2011年	
上場株式	先進国市場	34	44	28	38	41	51	34	49
	新興国市場	10		10		10		15	
確定利付債券	名目債	20	26	19	24	17	20	20	22
	インフレ連動債	6		5		3		2	
オルタナティブ	不動産	10	23	12	30	9	25	10	26
	プライベートエクイティ，ベンチャーキャピタル，インフラ	8		11		10		10	
	絶対収益戦略（ヘッジファンド）	3		3		3		3	
	天然資源	2		4		3		3	
キャッシュ・その他		7	7	8	8	4	4	3	3
合計		100	100	100	100	100	100	100	100

（出所）GIC, *Report on the Management of the Government's Portfolio for the Year 2008/09, 2009/10, 2010/11*より作成。
（注）比率は各年３月末日時点の数値。

政府が決定した投資収益とリスク許容度に合わせることが目的となっている。以下にこの投資政策に基づいたＧＩＣの実際の資産アロケーション（Asset Mix）をみていきたい。

図表５－３は，2008年から2011年にいたる４年間の実際の資産アロケーションの変化を示している。この資産アロケーションは，リスクとリターンが最適な関係になるための資産の比率の組み合せであり，リスク許容度の視点から利益を生み出すための重要な投資戦略である。

ＧＩＣの投資の資産アロケーションとして，大きく分けると上場株式，確定利付債券とともに不動産，ＰＥ，ヘッジファンドなど含めたオルタナティブの３つの資産クラスを組み合わせていることが窺える。伝統的資産である株式投資を中心にして，ローリスクの安定資産（債券）と高収益を目指すハイリスク資産（オルタナティブ）をバランスさせたアロケーションである。特にこの期間は，2007年後半に表面化した世界金融危機により世界の証券市場において株価が下落し，それが2009年の第１四半期の底値圏まで続くという経済環境の大きな変動があった。そのためＧＩＣもそれまで増加傾向にあったオルタナティブ運用をさし控える投資政策へと転換するなど，この期間の投資は投資戦術に変化が表れている（2009年の30％から2011年26％に減少）。株式に関する実際の資産アロケーションの変化は，2007年７月から2008年９月の期間に先進国の株式売却によりポートフォリオのリスク低減を図っていることであるが（2008年34％から2009年28％に減少），世界経済の回復基調のなかで，2009年初めから株式の買戻しを再び行い株式投資を戦略的に増やしてきている（2009年38％から2011年49％）。そのなかでもトニータンケン（Tony Tan Kem）副社長は，先進国のソブリンリスクなど経済の不安定要素に比較して新興国の高い経済成長率に注目しており，今後それらの投資を戦略的に増やしていくことに言及している（新興市場株式2010年10％から2011年15％）[19]。債券と現金への投資は大幅減少したが（2008年33％から2011年25％），これは株式の買戻しに使われたためである。ＧＩＣは，このようにポートフォリオ運用プロセスで堅実に投資し，かつ選別的にダイベスト（売却）をしていることを主張している[20]。

次に投資対象国・地域をみると，投資比率はアメリカ42％，ヨーロッパ28％，アジア27％（2011年３月末時点）であり，地域的にも分散が図られている（図表５-４参照）。2008年から2011年までのＧＩＣの投資対象国の配分として，アメリカ，ヨーロッパ諸国，アジア諸国はそれぞれ４：３：２となっている。上記したが，ＧＩＣは今後の投資対象地域としてアジア諸国の新興市場を今後の潜在的投資地域として考えており，投資比率を伸ばしていく方向性が公表されている[21]。ヨーロッパへの投資は2008年35％から2011年29％に切り下げられ，代わってアジア投資が増加している。

近年，テマセク社と同様にＧＩＣにおいても，サブプライム金融危機時に欧米諸国の金融機関に出資をしたことが注目された[22]。ＧＩＣレポートでは2007年～2008年に実施した資本出資に引き続き，その後も増資に応じていることが分かる。またそれに関して，スイスのＵＢＳ ＡＧ（98億ＵＳドル，9.8％，

図表5－4　投資国アロケーション（2008年–2011年）

（%）

国名		2008年		2009年		2010年		2011年	
アメリカ	北アメリカ	34	40	38	45	36	43	33	42
	その他	6		7		7		9	
ヨーロッパ	イギリス	8	35	6	29	8	30	9	28
	ユーロ圏	11		12		11		12	
	その他	16		11		11		7	
アジア	日本	11	23	11	24	11	24	11	27
	北アジア	8		10		10		12	
	その他	4		3		3		4	
オーストラリア		2	2	2	2	3	3	3	3
合計		100	100	100	100	100	100	100	100

（出所）GIC, *Report on the Management of the Government's Portfolio for the Year 2008/09, 2009/10, 2010/11*より作成。
（注）比率は各年3月末日時点の数値。

株主割当増資引受け，またサウジアラビア通貨庁と共同で115億ＵＳドル，９％投資）[23]やアメリカのシティグループ（69億ＵＳドル，3.7％投資）[24]の投資では地理的な分散投資戦略としてではなく，投資機会の選択としてなされたものであると言及している[25]。これは，図表５－４に示されるように，アメリカへの投資が増加していることに現れている（2008年40％から2009年45％）。またＧＩＣはＵＢＳＡＧとシティグループに対しては金融危機の初期段階ですでに投資を行っていたのであり，これはＵＢＳの世界における富裕層の資産管理のビジネス・フランチャイズ，またシティグループの新興国での顧客層や法人金融といった資本化（取込み）が動機であるとしている。つまり金融分野への投資が重点的になされているテマセク社同様に，ＧＩＣにとっても欧米諸国の金融機関への投資は，金融の先端技術を取り込み，かつ人材の吸引などシンガポールを金融ハブ化するために必要な投資であった。しかしながら，実際には信用収縮により両金融機関の株価が下落した結果，両国政府からの資金の支援要請もあり，それに応じてかなりの損失を負担したと述べている[26)]。またシティグループ１株3.25ドルで優先株から普通株へ転換することで初期損失を取り戻したが，ＵＢＳでは，より長い時間を回復に要した。いずれにせよ２行への投資が収益を上げるには暫くかかるとしているが，これはＧＩＣが長期的スタンスの株主であることを強調している通り，長期の視点から投資をみていることの現れであろう。またこれは同社の投資スパンとして20年間を投資期間の１つの基準としていることからも窺える[27)]。

またＧＩＣのポートフォリオ戦略は様々な資産クラスに対するリスク・エクスポージャのアロケーションが重要になっている。このようにＧＩＣの場合，高いリターンを生み出すオルタナティブ投資も重要な投資戦略となっているのである。それは投資収益を回収するのに一定期間を要する流動性が低い不動産，ＰＥ，ベンチャーなどにも積極的に投資していることに現れている。先述したように，一般に外貨準備の政府系ファンドの場合，流動性を保つ資産を保有する場合が多いが，ＧＩＣは流動性の低い資産にも一定割合を積極的に投資している。ＰＥやベンチャーにおいては，どのような企業への投資を行っているかの詳細は公表されておらずに不明であるが，不動産投資においては，投資額も多いことから若干の情報が入手できる（次章参照）。

(3)　ＧＩＣの組織と運用プロセス

ＧＩＣの運用の目的は外貨準備の国際購買力を高めることである。これを達成するためにＧＩＣは多数の資産クラスへの国際的な分散投資を行っている。この投資決定においては，３層からなる意思決定レベルを構成する一貫した投資プロセスを以てシステマティックになされている。

それぞれの段階の投資意思決定プロセスにおいて，高度に専門化した運用がなされる。ファンド・マネージャーなど運用に関わる人材は世界30ヶ国からリクルートしており，各専門分野に配置されている。このためにＧＩＣは従業員の40％は外国出身者となっている。また同時にＧＩＣが運用するファンド・マネージャー育成スクールにおいても高度な金融技術をもったインハウス型の人

図表５－５　３段階の投資決定プロセス

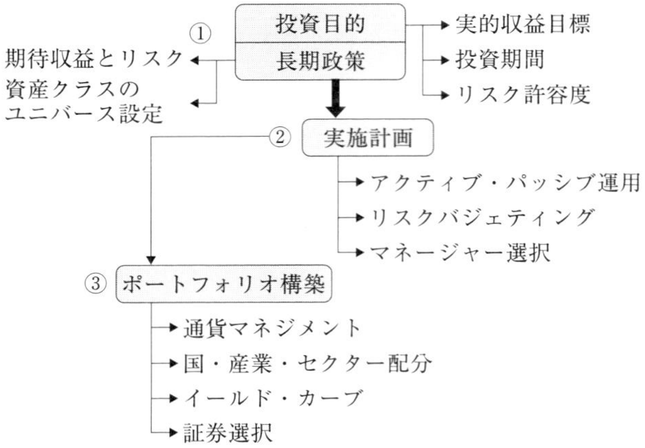

（出所）GIC（http://www.gic.com.sg/aboutus_invest.htm）より作成。

材育成に努めている。以下にその投資決定のプロセスをみていく（図表5－5参照）。

⑴　第一の意思決定レベル（投資目的と長期政策）

政府の投資目的，投資期間，リスク許容度，それぞれの資産クラスごとの期待収益率とリスクに基づく多様な資産クラスに対する資金の長期的アロケーションを決定する。このアロケーション（Policy Asset Mix，アセットミックス政策）は取締役によって決定され，定期的に検討される。この検討において新規の資産クラスの選定が考慮される。また，これは，市場における資産のアクティブ運用に関するパフォーマンス・ベンチマークとなっている。

⑵　第二の意思決定レベル（実施計画）

いかにアセットミックス政策が遂行されるかを管理する。ここでの意思決定は，資産のアクティブ・パッシブ運用比率，投資戦略のタイプなどの決定，リスク・バジェティング（リスクが適切に分散されているか継続的にモニターすること）や運用マネージャーの選択が含まれる。

(3)　第三の意思決定レベル（ポートフォリオの構築）

ここではポートフォリオ構築，ポートフォリオ運営者の意思決定がなされる。これら決定は運用通貨（通貨マネージメント），投資国，産業，セクターのアロケーション，イールドカーブや証券選択が含まれる。

以上のようにＧＩＣのポートフォリオはこれらの３段階の投資の意思決定を経て議論された結果となっている。

また組織的にみると傘下に投資子会社３社を配置し，それぞれが専門に特化した運用を行っている（図表５−６参照）。それは，ＧＩＣ アセット・マネージメント（GIC Asset Management）社が市場での証券投資，ＧＩＣリアル・エステート（GIC Real Estate：ＧＩＣＲＥ）社が不動産投資，またＧＩＣスペシャル・インベストメント（GIC Special Investment）社がＰＥ[28]，ベンチャー・キャピタル投資，インフラ事業などのオルタナティブ関連の投資を担うというもので，運用会社を介さない直接運用体制を採っている。特にＧＩＣＲＥ社はアメリカ，アジアに積極的に不動産投資を展開しており，なかでも積極的な日本での投資

図表５−６　ＧＩＣ組織構造

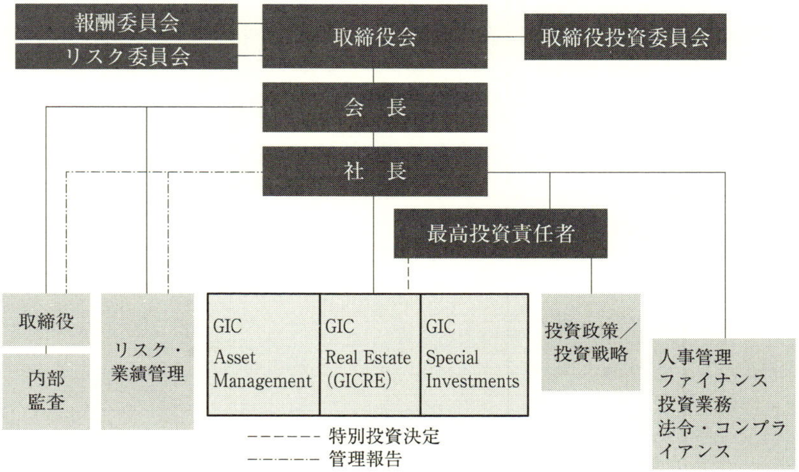

（出所）GIC（http://www.gic.com.sg/aboutus_structure.htm）より作成。

は注目を集めている（次節参照）。また子会社のＧＩＣ海外物流部門グローバル・ロジスティック・プロパティーズ（ＧＬＰ）は2010年10月51億Ｓドルのｌ Ｐ Ｏ（新規株式公開）をＳＧＸで行ったが[29]，これは同社傘下企業が新規公開する最初のケースとなった。この資金調達された資金は日本をはじめとしたアジア地域の事業拡大の資金に充てられている。

4　ＧＩＣの新たな投資動向－不動産運用の積極化

ＧＩＣに限らず，多くの政府系ファンドは投資手法を多様化させる傾向にある。近年，ＧＩＣの投資戦略の１つの方向性として，不動産投資の積極化が看取できる。同社は1988年に設立され，1999年に株式会社化されたＧＩＣＲＥ社を中心にして，グローバルな不動産投資を積極的に行うようになってきている。近年の投資全体に占める不動産投資の比率は約10％程度で推移しており，現在，世界32ヵ国・地域の150を超える物件に投資している。政府系ファンドは自己所有の資金であるためにＰＥや場合によっては不動産など流動性が低くても投資を行うケースが散見される。ＧＩＣの不動産投資は拡大を続けており，近年では世界の10大不動産投資会社として認識されるまでに成長している[30]。

日本の不動産投資は1997年より開始された。投資案件を概観すると，汐留旧国鉄跡地の再開発案件「汐留シティセンター」（1997年投資，三井不動産と共同開発）をはじめとして，福岡の複合施設「シーホークスタウン（ヤフードーム）」の投資がある。同施設は2004年ホークスタウンをダイエーから買い取った投資ファンドのコロニー・キャピタルから買収したものである[31]。また東京・恵比寿のウェスティン東京をモルガン・スタンレーから770億円で買収した一連の大型案件がみられる[32]。その他にも，川崎テックセンター（2001年），品川シーサイドイースト／ウェストタワー（2006年），プロロジス社との物流施設開発共同ファンド「プロロジス・ジャパン・フロパティー・ファンド」（2006年６億ＵＳドル），イオン仙台富谷ショッピングセンターなどがある[33]。また2007年，住友との間にジョイント・ベンチャーを設立し，13億ＵＳドルの大型商業施設の投資を行っている。

今後はベトナムやインドなどのアジア地域やロシアの投資を強化していくとの方向性を示しており，中国では，北京首都国際空港（股フェン有限会社株式）に投資し，２億5,000万株取得している[34)]。その他にもイギリス，ドイツ，イタリア，マレーシア，オーストラリア等の国々の不動産投資を行っている。また長期投資の一環として，近年パイプラインや発電所など米国エネルギーインフラ関連会社ＡＥＩの株式約11％を約４億ＵＳドルで取得している。現時点において，このような天然資源への投資は全体の割合としては３％であり大きくないが，近年の重要な投資資産となってきている。同様にテマセク社も資源投資を拡大してきており，政府の国策の関連から考える必要があるだろう。

5　結　びー金融制度化とファンドの関わり

シンガポールにおける政府系ファンドは30年以上にわたる投資の結果，高収益を獲得してきた。両社ともに2008年のサブプムライム金融危機による収益の悪化に陥ったが，2010年には危機時以前の収益水準に回復して周囲の耳目を集めた。近年では世界的景気の低迷の中でも債券発行や傘下企業のＩＰＯによって世界の投資家から資金調達を活発に行い，投資を再び積極化している。シンガポールの政府系ファンドが高収益を達成する要因として，マクロ的には，長期間に渡る自国通貨（シンガポールドルの対米ドルレート）や物価の安定があり，さらには基幹産業の１つとして金融市場の整備がある。また投資ファンドとしての成長戦略，つまり達成しようとする政策目的や戦略を明確にした積極運用体制も要因として挙げられる。政府は両社をファンドとしてより成長させる戦略をとり，実際にそれはリスク資産などで国際分散投資を行う積極的な投資姿勢をもった投資家に変化してきた。そのために近年では世界の金融市場において政府系ファンドとしての存在感を高めるまでになった。

今回検討したＧＩＣはＭＡＳから切り離した独立した形で外貨準備を運用する投資機関である。ＧＩＣではアジア地域で欠乏しているという金融専門家の育成やグーバルな人材糾合による強力な投資体制が発展の軸となっている。また運用における意思決定のメカニズムは，政府の具体的運用指示などの制約から独立しており，これは実際に運用者が自律的に運用して高収益を上げるメリットとして働いている。このように民間と変わらない収益重視のＧＩＣの運用能力や組織体制は，外貨準備がもつ本来の性質のデメリットを克服するのに役立っているといえる。さらには，政府系ファンド設立の背景には，2000年以降の発展のシナリオとして富裕層向けの資産運用拠点やファンド・マネージャーの集積拠点など金融のハブ化戦略がある。政府系ファンドを通した欧米諸国の金融機関への投資は，金融技術の獲得などアジア地域での金融ハブ化を目指す新たなファンド拠点としての戦略があったといわれる。元来政府系ファンドの性質は国家戦略のなかでの機能する投資機関であり，単なる投資収入を求める民間の投資機関のようなものではないといわれるが，本章でみたＧＩＣは民間と変わらない利益追求の体制を採りながら，金融産業の発展を目指す国家戦略のなかで政府系ファンドの役割を果たしてきているといえる。

(注)

1）ＣＰＦとは1970年に設立された同国の労使双方による年金基金である。(第２章参照)

2）GIC, Speech by Dr.Tony Tan keng Yam, Deputy chairman and Executive Director, 2008 Annual Meeting of the Institute of International Finance "The Future Shape of Global Finance" Washington DC, USA, 12 October 2008. また政府系ファンド Institute 公表のＧＩＣの透明度指数（L-M Transparency Index）は10レベルの中で６レベルの評価である。(http://www.institute.org/fund-rankings/) [2011/10/12]

3）実の資産規模は 2,500 ～ 3,300億ＵＳドルに及ぶとの報道もなされている。

4）GIC, *Report on the Management of the Government's Portfolio for the Year 2010／11*, 2011, p.９.

5）*Ibid.*, 序章。

6）ＧＩＣの設立における経緯に関しては *Ibid.*, GIC, Keynote Address by Minister Mentor Lee Kuan Yew, Chairman, GIC 25th Anniversary Dinner, 11 July 2006またはＧＩＣのＨＰ（http://www.gic.com/aboutus_GIC's Story.htm）を参照。

7）GIC, Opening Address by Dr.Tony Tan Kem Yam, GIC Deputy Chairman and Executive Director, At Associates Program 2007 Opening Session, 31 July 2007.

8）落合大輔「シンガポールの証券市場改革」『資本市場クォータリー』1998年春号，Vol. 1 No. 4 参照。

9）松井謙一郎「シンガポールの国際金融センター戦略と政府系ファンド（ソブリン・ウェルス・ファンド）～対外純債権国にもかかわらず所得収益は赤字の問題～」Newsletter，(財)国際通貨研究所，2008年２月６日。

10）中国は米国国債中心に外貨準備を運用してきたが，2007年設立の中国投資有限責任公司によって積極運用を開始した。アジア地域では，その他に韓国，マレーシアが政府系ファンドを設立した。

11）例えば日本も高水準になった外貨準備の運用に関する是非が議論されている。

12）外貨準備高を資金源として政府系ファンドを設立する国では，通常，経常収支と貿易収支が黒字になっている場合が多い。特に黒字による国内への外貨流入を自国経済に対する深刻な脅威ととらえて積極的な為替介入を行っており，これが外貨準備と政府系ファンドをつなぐことになる。つまり，自国通貨高による競争力の低下をも防ぐ為替介入は，時としてインフレ懸念に繋がることや政府部門の国債購入に大方充てられて成長性を損ねることなどがあり，これが設立の背景になっているとの指摘がある。谷山智彦・福田隆之・古賀千尋『政府系ファンド入門』日経ＢＰ社，2008年，pp.114-117.

13）ＧＩＣの投資収益の一部は政府準備金として積み立てられているが，これは大統領承認により一般会計に繰り入れられることが可能になっている。2009年に初めて金融危機における景気対策の財源として一部取り崩された。

14）Department Statistic Singapore, Statistics,（http://www.singstat.gov.sg/stats/latestdata.html）[2011/10/15]. 現在のシンガポールの外貨準備高は2011年10月時点で世界10位となっている。

15）シンガポールでは物価安定のために設置された為替レート水準を維持できなくなるために外貨準備を売却するのが難しく，それが対外運用する要因となっており，実際ＧＩＣは外貨遺産を売却して国内で運用することは禁止されているとの指摘がある。竹内満「日本の外貨準備の政策分析」『開発金融研究所報』2008年３月第36号，pp.134-135。

16）ＧＩＣの情報は毎年刊行される年次報告書と役員による会社リリースやインタビュー記事に主に基づく。しかしながら，為替を投機筋の攻勢から守るために運用の詳細はディスクローズされていない。

17）立松博史「特集 グローバルマネーの台頭と経営戦略―グローバルマネーの台頭に変化を求められる企業戦略」『知的資産創造』2008年11月，p. 8.

18）谷山智彦他，前掲書，p.129.

19）GIC, "New Presidents in GIC. GIC Strengthens Reach in Emerging Markets", 8 June 2011. ＧＩＣは新興国投資の重要性を指摘している。または以下を参照。GIC, Keynote Address by Mr. Ng Kok Song, GIC Cairman, Wealth Management Institute, At CFA Institute Conference, "Private Wealth Management, Successful Strategies for Asia and Beyond", 29-30 September 2010.

20）GIC, *op.,cit.*, 2011, p.11.

21）*Ibid.*, p.13.

22）2007年３月～2008年４月の銀行資本注入において，ＧＩＣはＵＢＳに98億ＵＳドル，Citigroupに69億ＵＳドルの出資を行った。またテマセク社はMerllynchに44億ＵＳドルと６億ＵＳドルの追加投資を行った。さらにBerclaysに対し20億ＵＳドル，Standard Charteredに対し40億ＵＳドルの投資を行っている。サブプライム時には政府系ファンドによって９つの欧米諸国の金融機関・投資銀行への出資が行われたが，アジア諸国の出資は12件460億ＵＳドル，そのうちシンガポールの２つの政府系ファンドの出資額合計は277億ドルと政府系ファンドの中で最大出資額であったと報道された。しかしながら，投資額に関しては，投資時期の違いや正確に公表されない場合もあり，報道される数値に差があることを注記しておく。

23）GIC, Statement by Dr Tony Tan Keng Yam Deputy Chairman and Executive Director, CIC Media Conference, 10 December 2007.

24）GIC, "GIC Investment USD 6.88 Billion Citi Group", 15 January. 2008 (Press Release), GIC, "GIC Take Citi Group stake below 5%", 22 Sep. 2009 (Media Release), GIC, "GIC Converts Convertible Preferred Note in Citi Group to Common Shares", 27 February 2009(Media Release)

25）GIC, *GIC Report 08／09*, p.12.

26）*Ibid.*, p.12.

27）ＧＩＣは20年という期間は，投資期間の実質収益率の測定基準として，また長期投資家であるＧＩＣの投資期間として重要であると述べている。GIC, *op.,cit.*, 2011, p.8.

28）プライベートエクイティ（ＰＥ）とは非公開企業に投資しファンドから人材を派遣して企業価値を向上させ，投資先企業を上場し株式の転売によって高利益を得るファンドであり，政府系ファンドにとっては自国への産業誘致やノウハウの獲得などのメリットがある。場合によっては，ＰＥファンドを通すことで投資の実態を表面的に隠すこともある。

29）GIC, "Statement on GIC's Investment in GLP", 11 October 2010.

30）http://www.gic.com.sg/our-business/overview [2011/10/05]

31）GIC, "GIC Real Estate Acquires Hawks Town in Fukuoka City", 12 April 2007 (News & Speeches)

32）GIC, "CIC Real Estate Acquire The Westin Tokyo from Morgan Stanley Fund and Starwood Capital Group Funds", 26 February 2008 (Press Release).

33）GIC, "GIC Real Estate and Sumitomo Corporation from joint venture to invest in large-scale retail properties across Japan", 24 May 2007 (News & Speeches). その後，ＧＩＣはプロロジス・ジャパンプロパティー・ファンドの全ての持分を購入している。GIC, "GIC RE acquires all of Prologis' intrest in Japan's Property funds and China operations – New joint venture to be set up to manage the acquired portfolios", 23 December 2008 (News Release).

34）ＧＩＣの所有は0.2％から5.9％に増加した。取引成約価格約16億7,400万元。

第Ⅲ部

政府系ファンドの
投資戦略と投資手法

第6章

政府系ファンドにおける投資戦略と投資手法
―アセットアロケーションとオルタナティブ運用―

1　はじめに

近年，金融市場における機関投資家の投資動向に変化が起こり，従来の株式や債券など伝統的資産を中心とした運用から代替（オルタナティブ）資産へと比重を増大させるようになってきた。この背景には，資産運用において，株式や債券などの伝統的資産ではリターンをあげることができなくなったこと，また分散投資ではリスクヘッジが不可能になってきたことがある。

2000年以後の世界経済は，米国経済の後退，ＩＴバブル崩壊による世界的株価低迷や低金利が続いた。その後，債務担保証券（ＣＤＯ）の暴落により引き起こされたサブプライム金融危機は，世界の金融市場，なかでも株式市場への影響が大きく，世界同時株安の状況に陥った。このような環境において，金融市場では多くの金融資産価格が同方向に動いたために資産の分散効果が機能しないという状況を生み出した。なかでもヘッジファンドは相場下落時において絶対収益を獲得することに特徴があるが，この時，ヘッジファンドが通常用いるアビトラージやディレクショナル等の投資手法は機能せずに損失を被ったファンドが続出した。また政府系ファンドにおいても，この金融危機で巨額の損失を生み出しており，資産配分のリバランスを図るなど投資戦略の変更を迫られることとなった。

このように従来資産の投資のみではリスク分散が図れないことが認識され，

多額な資金を運用する機関投資家は大幅な価格の変動が生じた場合にもリスクを低減できる従来資産と相関が低い資産配分を考慮する必要性が生じた。そのため，伝統的金融資産とは異なるリスク特性をもつ資産を投資対象として選定すること，つまり，より分散効果を高める最適ポートフォリオ組成が可能となるオルタナティブ資産の運用を用いるようになってきたのである。近年，このような投資資金は金融市場に還流し，またM＆Aなど企業経営に影響を与えるようになっている。本章では，このような背景において，変化したといわれる政府系ファンドの投資戦略に視点を当て，投資手法やスタンスをみることからその投資実態と投資家の性質について考察を行う。

2　投資戦略と投資手法

政府系ファンドとは，政府による対外資産を管理・運用するために設立されたファンドを指す[1)]。この政府系ファンドに関しては，論者により多様に論じられ明確な定義が確立しているわけでないが，⑴所有が政府や国家など公的であること，⑵政府部門の外貨建て資金の運用配分が大きいこと，⑶債務が存在しないこと，⑷長期投資であること，⑸リスク性資産への投資などが概ね共通する特徴として挙げられている。

これらの特徴は，政府系ファンドが他の機関投資家と異なる投資動向をもつ要因でもあり，金融市場における投資家としての性質をある程度規定することになる。まず，最大の特徴はファンドの所有が政府自身，もしくはそれに準ずる公的機関であり，資金の性質は政府の余剰金である。これらの特質は投資ファンドなど他の機関投資家のように資金の提供者に最終説明責任をもたないことであり，投資において大きな意味をもつ。まず，負債性資金や投資家から募る資金は常に元本，利子返済や確実なリターンを上げることに繋がり，ヘッジファンド以外では投資上リスクを取る投資は行いにくい。また短期リターンを追求する投資では，不動産や資源，ＰＥファンド投資や優先株といった資金回収に長期の時間を要するような流動性の低い資産への投資は不可能となる場合が多い。しかし，借り入れのない政府余剰金という政府系ファンドの資金は長期性の投資も可能となる。これは負債性資本にレバレッジを効かせて，短期的に絶対収益を上げていくヘッジファンドの動向とは対照的である。

また政府所有の意味するところは，投資において政府が意思決定権をもつことである（政府の意思が投資に反映する）。このことは投資額が大きく，かつ迅速性な意思決定を下すことが可能となる。まさにサブプライム時の投資はこの好例であり，投資において多くの政府系ファンドは巨額の資本提供を迅速に決定して実施した。この時の資本増強は，政府系ファンドが欧米諸国の金融機関によって発行された優先株を引き受ける形をとったものが多い（図表６－１参照）。この優先株取得による投資は，政府系ファンドの資金性質が可能にしたといえよう。

このような投資家としての性質をもつ政府系ファンドであるが，ファンドとしての側面を明らかにするために，まず他の代表的投資ファンドの投資戦略との違いをみてみよう[2)]。基本的には，それぞれの投資家ごとに投資戦略は大

図表６－１　政府系ファンドの欧米諸国金融機関への出資（証券の種類）

政府系ファンド名	出資先金融機関	証券の種類
アブダビ投資庁	シティグループ	優先株式
クエート投資庁	シティグループ	優先株式
クエート投資庁	メリルリンチ	優先株式
シンガポール政府投資公社（ＧＩＣ）	ＵＳＢ	優先株式
シンガポール政府投資公社（ＧＩＣ）	シティグループ	優先株式
テマセク持株会社	メリルリンチ	優先株式
テマセク持株会社	バークレイズ	普通株式
カタール投資庁	バークレイズ	優先株式
カタール投資庁	クレディ・スイス	普通株式
中国投資有限責任公司（ＣＩＣ）	モルガン・スタンレー	優先株式

各種資料より作成。

きく異なる（図表1-9参照）。例えば，投資ファンドの１つであるヘッジファンドは，絶対リターン獲得を目指して，市場の動きに連動する収益を目指すβ型の投資戦略である株式ロングショート戦略やグローバルマクロ，市場の動きから独立した収益を目指すα型の株式マーケット・ニュートラル，イベント・ドリブンやレラティブ・バリュー戦略などの投資スタイルを柔軟的に採用する3)。またＰＥファンドの１つであるアクティビストファンドの場合は，割安に放置された少数の企業に集中的に株式投資を行い，株式所有比率を高めた後に（多くの場合は50％以下のマイノリティー所有），経営者への発言を通して経営改革を求めることで株式価値を高めていく投資手法をとっている。これは低ＰＢＲやＰＥＲ企業に投資するためにバリュー運用ともいわれている。また同じ投資ファンドであり，ＰＥファンドとも称されるバイアウトファンドは投資企業の過半数株式を取得することで買収し，有利子負債を減らすか，またはキャッシュフロー改善によって企業価値を高める投資手法を取る4)。それぞれの投資家は投資目的に沿った固有の運用スタイルをもつのである。

では，政府系ファンドの投資戦略はいかなるものであるか。詳細には，投資戦略や投資手法の特質を検討するためには，投資する地域，資産クラス，産業セクターや投資期間などの視点からみていく必要がある（第４章テマセク社と第５章ＧＩＣの投資戦略参照）。また政府系ファンドの場合は，多様な設立目的を反映して投資戦略も多様であり，また時間の経過とともに投資スタンスを変化させるなど，投資のあり方自体が変化してきている場合もみられる。ここではアセットアロケーション（Asset Allocation，資産配分）の視点からその投資の現状と傾向性をみてみる。

3　投資手法の変容

(1)　アセットアロケーション

まずアセットアロケーションとは何かをみておきたい。これはリスクを低減して高リターンを獲得するポートフォリオ選定において，国内外の株式・債券，現金や不動産等の資産をどのくらい配分するかを決定することである。政府系ファンドの投資戦略は基本的には平均分散アプローチ（mean-variance approach）を採用しているといわれる。この理論的フレームワークはリターンの期待値に注目して，そのばらつきであるリターンの分散（標準偏差）をリスクとして捉えるというものである。まず投資家はリスク許容度を考慮して，投資における期待リターンとリスク算定のために標準偏差を測る。その上で組み込む資産の相関関係をみて，同リスクのもとで期待リターン最大化が実現する資産配分の組み合せ（効率的フロンティア）をみる。このトレードオフ関係にある期待リターンとリスクにおいて，それらの最適資産配分を考慮するという考え方が分散投資理論の基本になる。また，これはポートフォリオの銘柄数を増やすとある程度まではリスクが低減し，その程度は銘柄間の共分散（covariance）に依存するというものである。つまり，あるリスク量のもとで最大のリターンを実現しようとする投資家が選択すべき証券の最適な組み合せ（ポートフォリオ）がアセットアロケーションの基本的考え方である[5)]。しかしながら，経済環境や市場の変化によっては，アロケーション比率を変化させるリバランスを行うことも重要になる。2007年サブプライム危機を経験したテマセク社は，翌年にリバランスを行い，それまで重視したリスク性投資から債券投資を増加させたと述べている。

さらにこのアセットアロケーションにおいては，機関投資家などの投資家は長期的視点から資産配分を決定する戦略的アセットアロケーション（Strategic Asset Allocation；ＳＡＡ）と短期的視点からの戦術的アセットアロケーション（Tactical Asset Allocation；ＴＡＡ）の手法をとる[6)]。一般に資産運用においては，個別銘柄を選定するよりも効率的に資産配分した方が投資成果に与える影響は大きい。このアセットアロケーションによって投資成果の９割以上が決定されるといわれ，極めて重要な投資上の意思決定となる。以下に政府系ファンドのアセットアロケーションを考察してみよう（図表６-２）。

従来，政府系ファンドのＳＡＡは，伝統的に米国債券の投資が大部分を占めており，エクイティ投資などのリスクを取る投資は僅かに過ぎなかった。しか

図表６－２　政府系ファンドのアセットアロケーション（ＳＡＡ）

国	資産額	資金源
アブダビ首長国（ＵＡＥ）	2,500億ドル～8,750億ドル	石油
ノルウェー	3,080億ドル	石油
サウジアラビア	2,500億ドル以上	石油
クウェート	1,600億ドル～2,500億ドル	石油
シンガポール	1,000億ドル以上	外貨準備金
	1,000億ドル以上	民営化収益
中国	2,000億ドル	外貨準備金
ロシア	1,270億ドル	石油
オーストラリア	420億ドル	民営化収益

ファンド名称／所有と経営	投資戦略と戦略的資産配分（ＳＡＡ）
Abu Dhabi Investment Authority（ＡＤＩＡ)/ Abu Dhabi Investment Council（ＡＤＩＣ） ＡＤＩＡはアブダビ・エミネートの所有。1976年から原油による剰余金を海外資産で運用。将来の石油枯渇に備える目的で設立。2006年ＡＤＩＣが設立され，ＡＤＩＡの資産の一部が運用されている。アブダビ国の剰余金はＡＤＩＡ，ＡＤＩＣ両方に配分されている。	グローバル投資。投資戦略と資産規模は不明。多くの資産はエクイティで運用。次いで債券，不動産，オルタナティブ運用である。（50～60％株式，20～25％債券，５～８％不動産・ＰＥ，５～18％オルタナティブ運用）
Government Pension Fund - Global（ＧＰＦ） 政府所有。中央銀行のNorges Investment Managementによる運用。石油関連収益を将来に向けて運用。	先進国・新興国市場のエクイティ60％，債券，コモディティ等40％と多様な資産で運用。グローバルな資産アロケーション。
Saudi Arabian Monetary Agency（ＳＡＭＡ） 外貨準備金運用機関として1952年設立。サウジアラビア通貨庁が保有する外国資産2,250億ドルを運用。資金源は石油収益による余剰金。退職年金資産も運用。	クローバル投資（外国証券のなかで米国債中心）資産規模は公表されているが，投資戦略やSAAは知られていない。（外国証券56％，国内証券33％，外銀預金７％）
Kuwit Investment Authority（ＫＩＡ） 1953年石油の枯渇に備える目的で設立。政府歳入10％が繰り入れられるFuture Generation Fund，財政黒字時の剰余金を蓄積するGeneral Reserve Fundを設立。その他の政府機関資産を運用する自立した投資機関。	債券の投資基準を緩和して，近年，ハイ・イールドボンドやエマージング市場の株式債券に投資対象を拡大。また不動産，ヘッジファンド等のオルタナティブ投資も行う。ＦＧＦは役員によって認可された投資ガイドラインに基づく国際資産アロケーション。ＧＲＦは地場，アラブ地域，国際金融市場に投資。
Government Investment Corporation（ＧＩＣ） 政府が100％所有する独立投資公社として1981年に設立。 Temasek Holdings 1974年に投資を推進するためには私会社として設立。 財務省が主要株主。	両社ともグローバル資産アロケーション。ＧＩＣは国外の不動産やＰＥなど多様な資産クラスに投資。ＳＡＡの比重は未公表。テマセクは企業投資中心。地域別には地場資産38％，アジア地域40％，ＯＥＣＤ諸国20％，その他２％。
China Investment Corporation（ＣＩＣ） 超過外貨準備金の運用のために2007年設立。 100％政府所有。	グローバル資産アロケーションと世界的企業投資。
National Welfare Fund/Reserve Fund 政府所有，ロシア中央銀行により運営。石油下落に対応して財政安定化を図る目的で設立された。Stabilization Fundを改組して，準備基金と国家福祉基金に分割して2008年設立。	主に確定利付き資産に投資（44％ＵＳドル，46％ユーロ，10％ポンド)。ＧＤＰ10％相当はReserve Fundに蓄積し，堅実運用。それを上回る分をWelfare Fundで積極的運用。
Australia Future Fund 2006年設立。政府により所有，フューチャ・ファンド・マネージメント・エージェンシにより運営。目的は政府の将来の退職金を賄うこと。原資は国営の通信会社の株式売却益。	今後，投資の予定。

国	資産額	資金源
アラスカ（アメリカ）	350億ドル	石油・鉱物
ブルネイ	300億ドル	石油
韓国	200億ドル	外貨準備金
カナダ	150億ドル	石油
チリ	98.3億ドル	銅
	13.7億ドル	銅
ボツワナ	68億ドル	ダイアモンド
香港	1,100億ドル	外貨準備金
マレーシア	250億ドル	財政余剰金
ドバイ首長国（UAE）	80億ドル	石油，政府資金
	60億ドル	石油，政府資金
カタール	700億ドル	天然ガス

（出所）IMF, Annex 1.2 Sovereign Wealth Fund，各社 Home page 資料により作成。

ファンド名称／所有と経営	投資戦略と戦略的資産配分（ＳＡＡ）
Alaska Permanent Fund 1976年，石油関連収益を最低25％を運用する目的で設立。アラスカ州により所有，国営アラスカ・パーマネント・ファンド・コーポレーションにより運営。	53％エクイティ，29％債券，10％不動産，８％ヘッジ・ファンド。投資対象は上場株式，非上場株式，債券，不動産，ヘッジファンドである。
Burunei Investment Authority 原油関連収益を原資にして運用。政府が所有。	金融・不動産への大規模グローバル・ポートフォリオ。ＳＡＡは未公表。
Korea Investment Corporation 200億ドルの外貨準備金を運用するために2005年に設立。うち170億ドルが韓国銀行，30億ドルが政府。金融手法の獲得など金融部門強化が目的。	投資計画はグローバル・ポートフォリオ・アロケーション。投資対象は証券，外為，デリバティブ，不動産等。ＳＡＡは未公表。現時点での投資実績は少ない。
Alberta Heriage Savings Trust Fund アルバータ州政府により所有，アルバータファイナンスが運営。	30％債券，45％エクイティ，10％不動産，15％オルタナティブ資産のグローバル資産アロケーション。
Economic and Social Stablization Fund 2006年設立。政府所有，チリ中央銀行財務局により運営。	72％政府債，28％ＵＳドル，ユーロ，円建て短期金融市場で運用。
Pension Reserve Fund 2006年設立。政府所有，チリ中央銀行財務局により運営。	79％政府債，21％ＵＳドル，ユーロ，円建て短期金融市場で運用。
Pura Fund 政府とボツワナ銀行により共同所有，ファンドの政府持ち分はボツワナ銀行のバランスシート上に計上。	先進国でのエクイティ，債券運用。コモディティに高く依存。新興国市場では投資しない。
HongKong Monetary Authority（ＨＫＭＡ）Investment Portfolio 通貨価値安定のために運用。高リスク追求の投資は行わない。	短期米国債など債券中心。その他は30％エクイティ，20％ＯＥＣＤ諸国資産で運用。
Khazanah Nasional BHD 1993年政府により設立。投資目的は国家建設と国際的競争力を掲げ，通信，金融，建設と広範な産業分野への積極投資。	国内企業への投資中心。近年，インドや中国などアジア地域に投資を拡大。企業投資中心。
Istithmar 2003年に投資会社として設立。ドバイ・ホールディング所有。	投資対象は非上場株式。積極的に企業投資を行う。
Dubai International Capital（ＤＩＣ） 2004年に投資会社として設立。	エクイティ，不動産投資。 ＰＥ投資を重視。
Qutor Investment Authority（ＱＩＡ） 2005年に政府機関として設立。	グローバルな資産アロケーション。 日本・中国などアジア諸国への投資拡大。

し，近年はリスク許容度が高くなるファンドが多くなり，その投資対象はリスク性資産を組み込んだ分散投資へと多様化させてきている[7)]。近年の投資の傾向をみると，債券と株式投資に限定しているケースは少なくなり，市場インデックスに連動した投資やオルタナティブを含めた多様な資産クラスに投資するケースが増えてきている。また個別株式の上限を決め，残りに関して分散投資を行うケースも多い。

ＩＭＦの一連の調査（図表６－２）における政府系ファンドのＳＡＡをみると，債券や株式など伝統的資産から国際的な分散投資を指向する傾向が増えていることが窺える。ここからは，政府系ファンドが高収益を目指して一定比率のオルタナティブを含めた多様な資産で分散ポートフォリオを組み，グローバルな株式市場，債券市場，商品市場などで長期的視点から運用するようになっていることが分かる。同調査によると，オルタナティブ・アセットクラスの投資を行っている政府系ファンドは，40～70％のベンチマークを中心としたエクイティ，４～10％のＰＥファンド，13～40％の債券，２～５％インフラストラクチャー，２～５％の商品，８～10％の不動産への投資を行っているという結果が示されている[8)]。またマッキンゼー社レポートにおいても，かつては債券投資が中心であったものから不動産やＰＥなどより多様化した資産への投資が増え，また巨額の直接投資を増大させるケースもあると指摘している[9)]。同調査では図表６－３のように，ポートフォリオ運用において，債券重視型，利回り重視型，また戦略的運用型と分類し，パッシブからアクティブ運用へとシフトしているファンドが示されている。

このように，政府系ファンドの投資スタンスの性質は基本的に幾つかのタイプに分類できる[10)]。以下にその投資スタンス別にまとめてみたい。まず基本的な政府系ファンドの投資動向としては，長期投資であり，かつ伝統的ポートフォリオ戦略の追求である[11)]。この投資スタンスは，債券やインデックスに基づいたエクイティ投資を中心にしており[12)]，不動産などオルタナティブ投資のアロケーションは低い。アラスカのＡＰＦ，ロシアのＳＦＲＦ，サウジアラビアの通貨庁，香港のＨＫＭＡなどがこの範疇に入る。これらは，中央銀行な

図表６－３　投資手法の変化

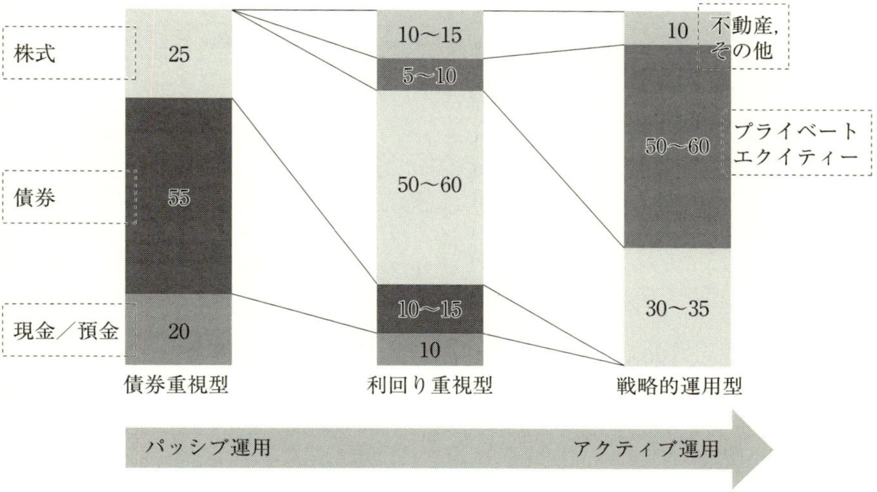

例
・サウジアラビア　マネタリーエージェンシー＆ペンション
・ロシアオイルファンドセントラルバンク

・アブダビ投資オーソリティー
・クェート投資オーソリティー
・シンガポール　GIC
・ノルウェー政府ペンションファンド－グローバル

・カタールオーソリティ
・ドバイイスティマルワールド

（出所）Diana Farel, et al, “The New Power Brokers：Gaining Clout in Turbulent Markets”, Mckinsey Global Institute, 2008, p.11.

ど政府組織の一部である場合が多い。

次に，利回りやリターンを追求する投資スタンスをもつ政府系ファンドであるが，このタイプはよりリスクを志向する投資戦略に転向し，投資手法を多様化させていることを特徴とする。また，これらは高リターンを生み出す投資を命題としていることが多いため，より多様化したアロケーションを志向するのが特徴である。シンガポールのＧＩＣやアブダビのＡＤＩＡ，ノルウェーのＧＰＦ－Global，オーストラリアのフューチャーファンドやクェートのＫＩＡなどがこのタイプに分類できる。

またより戦略的に絶対収益を目指すためにＰＥファンドなどによる運用を重

視したファンドも散見されるが，マッキンゼー調査ではカタール投資庁やドバイ・イスティマルワールドを挙げている。

以上のように，政府系ファンドの投資手法の特徴はある程度の傾向性をもっているが，近年より多様化をみせており，一概に分類するのは困難になってきている。例えば，クウェートのＫＩＡは株式，債券，不動産の資産投資も行うが，他方ＰＥやヘッジファンド投資の配分を増やすようになっている。また，アメリカやヨーロッパの代表的なＰＥファンドのカーライル，ブラックストーンやアポロマネージメントなどを介した戦略的投資も増えてきている。中国のＣＩＣのブラッドストーンへの投資は，金融機関専門ファンドＪ．Ｃ．フラワー＆カンパニーとの共同出資であり，投資も多様な形を取るようになっている。これらの投資を通して，高い収益を目的としつつも新規技術の獲得などを目指すケースもある[13)]。

また，近年ヘッジファンドに投資するケースも散見されるようになってきた。政府系ファンド自身はレバレッジを効かせて巨額の資金を調達し，空売りなどの手法によって高リターンの獲得を目指すというデリバティブ戦略を基本的にはあまり採用していない。しかし，ヘッジファンドを通して同様の投資を行う例がみられるのも新たな傾向である。さらに，ベンチャービジネスや企業再生などを行うＰＥファンドは専門的スキルをもった人材が必要であるために，ノルウェー，アブダビ，シンガポールを除いて少なかった。近年では多くの政府系ファンドがより多様化した投資戦略に沿って，インハウス型の投資専門家も育成してきている[14)]。

こうしたポートフォリオ運用を重視するファンド戦略とは別の動きもある。近年の特徴として，多様なポートフォリオを組んだ分散投資の志向性は低いが，企業への直接投資やＭ＆Ａに積極的に関与していくタイプに分類できる政府系ファンドが現われていることである。例えば，アブダビのＡＤＩＡ，サウジアラビアのＳＡＭＡ，ドバイのインターナショナルキャピタル，シンガポールのテマセク社や中国のＣＩＣなどがクロスボーダー型の企業買収の投資戦略をとっている。

以上のように，政府系ファンドの投資戦略は，債券投資を中心にした伝統的なポートフォリオ型，より高リターンを追求し，リスク性資産を増やすエクイティ重視ポートフォリオ型，またオルタナティブ投資を行う戦略的ポートフォリオ型，さらには企業買収を積極的に行う企業買収型といった類型がみて取れる[15)]。特に問題となるのは近年増加してきた企業買収系であり，企業支配に足る株式所有比率に及ぶ企業買収を実施するファンドが増加している。この場合，経営支配権取得を目的とした直接投資を行うのではないかとの懸念が，特に投資対象国である欧米諸国には多く存在する。これに関しても基本的に長期的視野をもった投資であるが，被買収側にとっては経営上の問題，特に公企業の場合は安全保障上の問題の可能性が議論される。実際には，自国の産業発展などを考慮した戦略的な投資である場合が多いといわれている。

また政府系ファンドの金融危機時の資本供給に関しては，図表６－１にあるように議決権のない優先株式を中心にして出資を行っていることが分かる。これが普通株式に転換されると株主となる可能性もでてくるとの懸念があったが，これに関しては，概してそのような動向はみられていない。このように企業買収系の政府系ファンドの出現などもあり，政府系ファンドは議決権を通して企業支配に影響を及ぼすのではないかとの懸念が生じるようになってきている。この点に関しては次章以降で検討される。

(2)　オルタナティブ運用配分の増加

以上，投資戦略としてアセットアロケーションをみてきたが，政府系ファンドの近年の傾向として，投資を多様化させていることが分かる[16)]。従来，多くの政府系ファンドが米国債券を中心とした資産運用を行ってきた。特に，独立していない金融庁など政府組織の一部の政府系ファンドの場合は高格付けの伝統的資産の国債を中心としたアセットアロケーションであり，エクイティや信用リスクを取る投資は少ない[17)]。しかしながら，近年，それ以外のファンドの投資において，安全資産の比率を下げたポートフォリオを組成して分散投資を行うといった変化がみられるようになってきた。先の節でみたように，近年の傾向としてヘッジファンド（絶対収益）の他にも，一定程度のオルタナティブ運用配分への増加傾向があることが注目される。特に金融危機以降に顕著となった現象である。

このオルタナティブ投資（代替投資，Alternative Investment）とは，伝統的資産とは相関性が低く，異なるリスク特性をもつ資産（Asset Class）や運用手法（Strategy）のことを指す。投資対象としては，国債，社債など債券や上場証券以外の資産，つまり担保証券等の証券化商品，ストラクチャード商品，不動産関連（証券化商品と実物不動産），原油，ガス，森林や穀物などのリアルアセットやベンチャーキャピタルファンドやファンド・オブ・ファンズの未公開株（ＰＥ）などの広範な資産がある[18]。また投資手法としては，ヘッジファンドを通して行われるデリバティブ（などとともにマネージド・フューチャーズ・ファンド）などがある。

このオルタナティブ投資では，株式や債券などの伝統的金融資産とは異なるリスク特性をもつ資産を組み合わせることで，世界的金利低下などマクロ経済の変化に対応し得るリスク分散を図ることが可能となる。一般に上場株式や債券は経済動向や市場の変化により影響を受けやすいため価格変動が生じやすい。また近年の金融市場では，インデックス運用の金融商品が増えているが，これは市場において価格の連動性が高くなることが指摘され，リスク分散の視点からは効果があるとはいえないといわれる。このような背景のもとで，これは近年リスクを低減させるための新たな分散投資として，国際金融市場での機関投資家によるリスクヘッジ手法となっている。このようにオルタナティブの金融商品の性質は価格の相関性が低いために分散効果が高まる。この視点から，株式リスクの低減としては，株式の代替として不動産のリアルアセットやＲＩＥＴ（不動産投資信託）など，また金利上昇のリスクヘッジでは，債券代替として株式ニュートラルファンドなどを投資対象として国際的に分散投資を行うようになっている。このように資産を運用するファンドは，オルタナティブを含めた最適のリスク・リターンを組み合わせた資産クラスによる効率的な資産配分比率を決めてＳＡＡを組成するようになっている[19]。

図表６-２から窺えるように，一部の政府系ファンドは運用する資産のいくらかをオルタナティブ運用に配分を移している。また他のＩＭＦ調査では，レバレッジを効かせた投資を行う政府系ファンドは全体の35%，またレバレッジファンドを通した投資を行うものが20%であったとしている[20]。第４章，第５章で考察したシンガポールのテマセク社とＧＩＣのポートフォリオは，ともに投資地域分散で新興市場の比重を増やしており，またＧＩＣは運用手法としてヘッジ（絶対収益）運用とオルタナティブ運用の比重を増やしていることが窺えた。全ポートフォリオの２～３割程度を組み込んでいる。

しかし，この投資に関して，資産の定性評価が可能な運用者など内部管理体制が重要になってくる。特に政府系ファンド内部の運用体制においては，外貨準備運用者のような公的部門の資産運用として，債券運用の知識を有した運用者が中心となっている。それ以外のエクイティ資産でアセットアロケーションを組み運用する場合には，運用能力が欠如しているため外部の運用者を採用することが多い。しかし，一部のファンドにおいて変化がみられるようになっている。ノルウェー，アブダビ，シンガポールの場合は，次第に外部委託を減らし，インハウス型の高度運用能力を有した専門集団を確立してきている。この点に関して，シンガポールは世界のヘッジファンドの運用拠点化の戦略を取っており，多くの運用者を集積する地域として，政府系ファンドの運用体制に影響を与えている。その意味において，国家の金融政策は政府系ファンドの投資戦略と整合性を保つものであったといえよう。またこのオルタナティブの資産配分の増加において，年金基金などの機関投資家や外貨準備を運用する主体において一定の制約がある。しかし，外貨準備を運用しているシンガポールのＧＩＣの事例が示すように運用体制を強化し，投資手法を多様化している公的運用機関は増えている。

４　結　　び

政府系ファンドは基本的にＣＡＰＭに基づく理論的運用を行う投資家といわ

れてきた。その投資手法として，米国債券を中心にするものから，インデックスに連動した投資（パッシブ運用）を中心にするものや債券と株式に限定して投資をする伝統的なポートフォリオ運用が中心であった。しかし，1990年代に入ると次第に土地やコモディティなどを含めたオルタナティブ資産といったアセットクラスに投資する戦略的なポートフォリオ運用型へと多様化してきている。こうした政府系ファンドの投資戦略の先鋭化は世界的に金融手法や取引が多様化した結果，国際分散投資が主流となってきたという背景と軌を一にしている。またＰＥファンドやヘッジファンドを介した投資も拡大している。政府系ファンドは外部のファンド・マネージャーにその運用を信託してきたケースが多いが，現在はインハウス型の専門家を育成しているケースが増えてきた。これらの特徴は，政府系ファンドの運用額が巨大となっており，より高い収益を目指すために，投資手法を多様化させているためである。その結果，よりリスク志向性をもった投資が増えているのである。この一方で，株式取得による企業買収を積極的に行うタイプも出現してきているのも近年の特徴である。いずれの投資スタイルにせよ，国際金融市場における投資手法の多様化と合わせる形で政府系ファンドの運用も進展してきている。

このように政府系ファンドは，ファンド自身がおかれている環境変化に合わせて，その運用を戦略的に変化させてきている。しかしながら世界的金融危機時に株式や不動産資産の価格下落により，運用収益を減少させ国民から非難を浴びたファンドが続出した。これらは国際的に資産アロケーションを進めた結果として損失額が膨らんだものと思われる。その後，多くは，国際的な株式投資の出資比率を引き下げて投資戦略の見直しを図っている。また欧州ソブリン危機の局面では，欧州債券を売却するファンドがみられた。また不正経理問題が生じた日本のオリンパスの上位株主（持株比率２％）であったＧＩＣも早い時点での売却を発表した。こうした動きの一方で，Ｍ＆Ａなどの投資は増加してきており，今後の新たな投資動向を見守る必要があろう。

(注)

1）Udaibir S Das, Yinqiu Lu, Christian Mulder and Amadou Sy, "Setting up a Sovereign Welth Fund：Some Policy and Operational Considerations", *IMF Working Paper*, 2009, IMF, p.5.

2）岩谷賢伸「米国アクティビストファンドの実態と資本市場における役割」『資本市場クォータリー』2007年秋号，p.205.

3）β型の資産運用は市場の動きと連動する手法，またα型は市場全体の動きから独立した収益を目指す手法を指す。近年，ヘッジファンドを通して年金基金，保険会社などの機関投資家が積極的に運用を行っており，ヘッジファンドの機関化現象ともいえる状況が起きている。

4）このファンドの場合は，財務レバレッジを活用して買収をするＬＢＯ（Leveraged Buyout）を活用する場合が多い。

5）これらは現代ポートフォリオ理論（Modern Portfolio Theory；ＭＰＴ）と言われる。その基礎概念は，H. マコービッツにより理論化されたリスクを低減して収益を生み出す効率的ポートフォリオの理論である（『ポートフォリオ・セレクション』1952年）。ＭＰＴでは株価変動を正規分布で表し，投資における期待リターンは分布の平均値（μ），投資リスクは分布の標準偏差（σ）であるとする理論である。これによって，合理的投資家が分散投資を行うことで最適ポートフォリオの選定が可能となった。なお，分散可能なのはアンシステマティックリスク（個別リスク）のみである。その後，同理論に基礎として，分散できないシステマティックリスク（β）を考慮した時の資本コストを算出する資本資産価格モデル（capital asset pricing model；ＣＡＰＭ）や裁定価格理論（ＡＰＴ）へと発展したことから，近年ＭＰＴはこれら全て含む概念として使われる。

6）ＳＡＡとは中長期間ベースで資産配分計画である政策アセットミックスを決定する手法。ＴＡＡとは，短期ベースで経済環境の計量分析等により資産比率を変更していく手法。

7）Cornelia Hammer, Peter Kunzel and Iva Petrova, "Sovereign Welth Fund：Current Institutional and Operational Practices", *IMF Working Paper*, 2008, IMF, p.14. 同調査はＩＷＧ加盟メンバーの21のＳＷＦｓ（６ヶ国，設立は1950年代～近年まで，１人当たりの収益は1,000～80,000ＵＳドルにいたる）からの返答による。

8）*Ibid.*, p.14.

9）Diana Farrel et al, "The New Power Brokers：Gaining Clout in Turbulent Markets" McKinsey & Company, 2008, p.11.

10）投資タイプ別の分類として，(1)伝統的ポートフォリオ投資家型，(2)長期絶対リターン追求型，(3)プライベートエクイティ型の３分類もある。

11）その際の投資として，政府系ファンドはＭＰＴを基本的に採用している。これは割安銘柄・資産を買い，割高銘柄・資産を売ることで，市場全体として資産価格が長期的均衡水準に収斂して市場の安定化に寄与する投資手法である。

12）インデックス運用とは，特定の株価指数や債券指数（ベンチマーク・インデックス）

に連動した値動きを目指して運用する手法で，このようなリスク・リターンを市場に合わせる運用をパッシブ運用ともいう。基本的にベンチマークを構成している各種銘柄を組み入れたアロケーションとなる。これとは反対に，ベンチマークを超える運用成果を上げる手法をアクティブ運用という。

13）Diana Farrel et al, *op., cit.*, 2008, p.11.

14）IMF, *Sovereign Wealth Fund - A Work Agenda*, 2008, p.9.

15）これらをポートフォリオ分散系と企業買収系に多くの論者が分類をしている。谷山智彦他『政府系ファンド入門』2008年，日経ＢＰ社。他に，ポートフォリオ系とステークホルダー系の分類もある。重藤哲郎「ＳＷＦ―中国・ロシアも加わり市場の関心が高まる国家ファンド―」国際金融情報センター，2007年６月，p.6。

16）投資資産の多様化の一方で，近年，投資の特徴として企業買収を目指す方向性も顕著となっている。

17）Cornelia Hammer et al, *op., cit.*, p.14.

18）代替という用語は従来のロング・ポジションとは異なる投資スタイルや株式，債券以外の新規の投資資産を意味する。従来の金融資産を組み合せではリスク分散できない状況において，マクロ経済動向による市場の価格変動に影響を受けない安定した資産でのポートフォリオ組成をする投資である。この投資の歴史は1940年代アメリカにおいてヘッジファンドが開始したことにその萌芽がみられた。

19）Udaibir S Das, *op., cit.*, p.14.

20）Cornelia Hammer et al, *op., cit.*, p.16. 多くの場合，政府系ファンドは投資資産や手法において所有者（政府機関）からの規制によってリスク制限があるとも言われている。

第7章

投資戦略における企業買収と外資規制

—テマセク社のケーススタディー—

1　はじめに

2010年４月，英国石油メジャーのブリティッシュ・ペトロリアム（ＢＰ）社が米ルイジアナ州メキシコ湾岸で引き起こした原油流失事件は，世界的な環境問題を引き起こすとともに同社にとっても原油除去費や損害賠償により巨額の損失をもたらした[1]。同社は年間14億ポンド（1,720億円）以上の売上げ，ロンドン証券取引所の株価指数 FTSE 100 Index の６％を占める英国最大の石油・ガスのサプライヤーである。主要株主はノルウェー，クウェート，中国，シンガポールの政府系ファンドであり，事故後，各ファンドは減産と原油値上がりで合計50億ドル（約4,500億円）の損失を被った[2]。この一方で同社 T. ヘイワード最高経営責任者（ＣＥＯ）は原油流出事故による企業価値の棄損から生じ得る買収から同社を守るために政府系ファンドのアブダビ投資庁（ＡＤＩＡ）に出資を求めた[3]。このケースにみられるように政府系ファンドは巨額増資にも応じうる資本力をもち，それによって世界主要企業の株主となっているケースが増えている。

また政府系ファンドが世界的企業に巨額出資を行った顕著な事例は，2007年に表面化したサブプライム危機時である。サブプライムローンで証券化されたＣＤＯ（債務担保証券）投資により巨額損失を計上した欧米諸国の金融機関に対して，ＧＣＣ資源国やシンガポールなどの政府系ファンドが資本提供に応じた。この出資は金融機関の立直しに一役を担うとともに国際金融市場の主要な投資家として認識されるにいたった。近年，個別の買収案件も注目されており，特に日本を凌ぐ外貨準備を蓄積する中国政府系ファンドの巨額化するクロスボーダーの企業買収はかねてより注目され，米国を中心に脅威論を引き起こしている。

従来，政府系ファンドの投資戦略は株式や債券投資を中心としていた。しかし，2000年を境にして多様な投資資産を組み込んだ積極的分散投資を行い，また他方では企業買収する事例も顕著となってきている。その変容してきた投資スタンスは，グローバル・インバランスの背景の中でより資産規模を拡大させ，国際金融市場での思惑的な価格変動を生み出した。さらには政府の意図が買収企業に何らかの影響を及ぼす政治的意図も懸念されている。実際に，米国では政府系ファンドが投資を通じて自国経済・産業に有利になるような影響力を行使する，ひいては安全保障を脅かすことが指摘され，投資規制論に発展している。本章では，積極的にＭ＆Ａ戦略をとるようになった政府系ファンドの投資の実態に関して検討を行う。特に買収による議決権行使の視点から生じている問題を整理し，投資規制などの対応をみていく。ここではシンガポールの事例が考察される。

2　政府系ファンドにおける企業買収

(1)　政府系ファンドの戦略的企業買収

既にみたように，近年政府系ファンドの投資戦略が多様化し，伝統的４資産の投資からオルタナティブ投資へと変化してきた。またこの一方で，国際的に企業買収を実施するケースも顕著になってきている。なかでも外貨準備などをもつ国の政府系ファンドは米国ドル通貨や債券へ傾重した投資を行っていたが，近年，産業政策に沿った新たな投資戦略としてクロスボーダー型の企業買収（Ｍ＆Ａ）を実施するようになってきている。

世界におけるＭ＆Ａ取引額をみると2003年頃より暫時増加傾向にあるが，これは欧州企業を中心としたメガディールが実施されたことと，一方で政府系ファンドが関わった先進国へのＭ＆Ａが増加していることが要因としてある[4)]。特に2007年～2008年はアジアや中東諸国から欧州に向かった投資が急増している。これはサブプライム時に政府系ファンドが欧州の金融機関に投資したことを表しており，金融技術獲得を目的としていることが大きいといわれる。図表７-１は，この期間に政府系ファンドが関わったＭ＆Ａ事例である。ここからみられるように，金融機関へのＭ＆Ａの傾向は政府系ファンドにおける共通の特徴となっているが，また一方で自国の産業分野への強化を図る，もしくは何らかの経済戦略に資する分野の買収を行う傾向もみられるようになっている[5)]。そもそもＭ＆Ａは技術，ブランド，人材，補完的製品など経営資源の獲得を目的にする場合が多く，その結果として短期間で新規市場への参入や市場占有率の拡大につながる効果をもつ。国際的な技術優位を確立することを動機として，新興国の政府系ファンドが高い技術を有する先進国企業へのＭ＆Ａをする事例は，近年，特に多くみられるようになっている。その場合，技術移転が伴うことが多く，また過半数の株式取得をすれば支配権も獲得できることになる。

これは近年，政府系ファンドが金融以外の産業分野，特に資源関連企業の買収比重を増やすなど，戦略的投資が多くみられるようになってきたことからも窺える（図表７-２）。このように政府系ファンドが自国の産業政策に基づいた技術獲得のために，今後も，欧米諸国や日本の企業をより戦略的に買収していくことが予想される。

例えば，2008年ブラジルは同国企業の海外企業買収を支援する目的で200億ドル規模のファンド（ＦＳＢ）を設立した。これは資源分野での海外企業の買収を加速させているなかで，クロスオーバーＭ＆Ａを支援するために政府系ファンドを設立したといわれている[6)]。また金融危機以降は，多くの政府系ファンドが資源関連分野に戦略的に投資を実施し，新興国やフロンティア市場での長期インフラや資源プロジェクトの投資を拡大してきている[7)]。また近年，中国は世界のインフラ事業に投資する戦略に沿って，2012年１月，ＣＩＣ

図表７－１　政府系ファンドのクロスボーダー投資（2007〜2008年第１四半期）

政府系ファンド名	被買収企業	取引額（10億ドル）	比率％
シンガポール政府投資公社	ＵＢＳ	9.8	8.6
アブダビ投資庁	シティーグループ	7.6	4.9
シンガポール政府投資公社	シティーグループ	6.9	4.4
ドバイ投資公社	ＭＧＭミラージュ	5.1	9.5
中国投資有限責任公司	モルガンスタンレー	5.0	9.9
テマセク	メリルリンチ	5.0	11.3
カタール投資庁	セインベリー	3.7	25.0
クウェート投資庁	メリルリンチ	3.4	7.0
国家開発銀行	バークレイズ	3.0	3.1
中国投資有限責任公司	ブラックストーン	3.0	10.0
ドバイ投資公社	ロンドン証券取引所	3.0	28.0
テマセク	中国東方航空	2.8	8.3
中国国家外為管理局	トタル（Total）	2.8	1.6
中国国家外為管理局	ブリティッシュ・ペトロリアム	2.0	1.0
韓国投資公社	メリルリンチ	2.0	4.3
テマセク	バークレイズ	2.0	1.8
カタール投資庁	ロンドン証券取引所	2.0	20.0
テマセク	スタンダードチャータード	2.0	5.4
アブダビ投資庁	カーライル・グループ	1.4	7.5
ドバイ投資公社	オクジフキャピタルマネジメント	1.3	9.9
ドバイ投資公社	モーゼルグループ	1.2	100.0
ドバイ投資公社	アライアンス・メディカル	1.2	100.0
シンガポール政府投資公社	マイヤー・メルボルン	1.0	100.0
中国シテックセキュリティーズ	ベアー・スターンズ	1.0	6.0
ボース・ドバイ	ＮＡＳＤＡＱ	1.0	19.9
ドバイ投資公社	スタンダードチャータード	1.0	2.7
ドバイ投資公社	アルマティス（Almatis）	1.0	100.0
シンガポール政府投資公社	メリルリンチ・ファイナンシャルセンター	1.0	100.0
ドバイ投資公社	バーニーズニューヨーク	0.9	100.0
ドバイ投資公社	ＥＡＤＳ	0.8	3.1
シンガポール政府投資公社	ホークスタウン	0.8	100.0
ドバイ投資公社	ＩＣＩＣＩ銀行	0.8	2.9
テマセク	東京ウェスティン	0.7	100.0

政府系ファンド名	被買収企業	取引額（10億ドル）	比率％
ムバダラ・ディベロップ・カンパニー	アドバンスト・マイクロ・デバイセズ	0.6	8.0
シンガポール政府投資公社	ウエストクウォリーショッピングセンター	0.6	50.0
ドバイ投資公社	ソニー	0.5	1.0
カタール投資庁	オーエムエックス	0.5	10.0
シンガポール政府投資公社	ブリティッシュ・ランド	0.3	3.0
ドバイ投資公社	メトロポールホテル	0.3	100.0
シンガポール政府投資公社	Kungshuset	0.2	100.0
中国国家外為管理局	オーストラリアコモンウェルス銀行	0.2	0.3
中国国家外為管理局	オーストラリア・ニュージーランドグループ銀行	0.2	0.3
中国国家外為管理局	ナショナルオーストラリア銀行	0.2	0.3
シンガポール政府投資公社	ローマセントラルショッピングセンター	0.1	50.0
テマセク	9you オンラインゲーム	0.1	9.4
合計		91.5	

（出所）Roland Beck and Michel Fidora, “The Impact of Sovereign wealth Funds on Global Financial Markets”, *Occasional Paper Series, No.91*, European Central Bank, 2008, p.11. より作成。

図表７－２　近年の政府系ファンドのＭ＆Ａ案件（金融部門以外／2009～2010年）

政府系ファンド名	被買収企業	備考
中国投資有限責任公司	ＧＤＦスエズ天然ガス部門	世界２位企業（株主フランス政府）
中国投資有限責任公司	ＡＥＳ電力会社	16億ドル出資（アメリカ）
中国投資有限責任公司	PenWest Energy石油・ガス開発会社	４億1,600万ドル出資
中国投資有限責任公司	テック・リソーシーズ	資源エネルギー（カナダ）
中国投資有限責任公司	テムズ・ウォーター水道処理企業	8.68％取得（イギリス）
中国投資有限責任公司	ノーブルガス	45％取得（ロシア）
中国投資有限責任公司	サンシャインオイルサンズ	17.2％（15億ドル）取得（カナダ）
中国投資有限責任公司	PT Bumiリソーシーズ	19億ドル出資（インドネシア最大石炭企業）
テマセク	シノファーム	１億ドル出資（中国製薬最大手）
テマセク	Ｕモバイル	33％（３億ドル）取得，移動通信会社（マレーシア）
テマセク	ＧＭＲエネルギー	２億ドル出資，電力会社（インド）
テマセク	チェサピークエネルギー	５億ドル出資，電力会社（アメリカ）
カタール投資庁	フォルクスワーゲン	23億ドル出資（ドイツ）
カタール投資庁	ハロッズ	17％取得，百貨店

（出所）各種資料より作成。

（中国投資有限責任公司）[8] が英国最大の水供給処理企業，テムズ・ウォーターの株式を取得（8.68%）したと公表した[9]。同社は，米大手ＰＥブラックストーンの買収事例にみられるように，設立前から積極的な国外企業のＭ＆Ａを展開している。また産業政策に基づいて国有投資機関の海外進出を間接的にサポートしているといわれ，海外企業からの敵対的買収を防衛する場合もみられる[10]。

このように，政府系ファンドは投資資産や手法の多様化を図る一方で，Ｍ＆Ａを積極化させるようになってきている。しかしながら，投資方針に関する情報を明らかにしないままで投資を行うことに対する懸念が投資受入れ国には広がるケースが多い。その投資家としての不透明感もあるが，投資を行う場合に投資規制を受けずに済むことは，投資主体としての脅威論につながる。以下に，投資における懸念の１つである株式所有による経営上の関与や議決権行使に関してみていきたい。

⑵　議決権行使問題

以上政府系ファンドによるＭ＆Ａ案件の増加の趨勢をみてきたが，その所有比率は支配に足るものから少数持ち株比率に留まるものまで多様である。このような買収案件において，議決権に関わる他の投資家のケースと比較してみよう。特にアクティビズムをとる機関投資家やアクティビストファンド[11] の投資家行動の視点からみると，現時点において，政府系ファンドが買収後に経営に関与して，積極的な株主行動を取った事例はあまり見られない。一般に，機関投資家の株主行動はコーポレート・ガバナンスの問題として注目されるようになったように，それらは経営陣に対して株主権行使を積極的に行うことで株主価値を守る投資家行動を取る。また近年みられるようになったアクティビストファンドは，本来の市場価値よりも低く評価されている企業価値の企業において株式取得を行い，それを高めるための株主行動を取る投資家である。このような機関投資家の株主行動と比較すると，政府系ファンドの場合は単に株主価値を高めるために短期的な株主行動を取ることは多くないといわれている[12]。また投資ファンドとしての性質として考えると，資金を拠出した資金提供者の目的に沿った投資をファンド運用者は行い利益を出すが，政府系ファンドの場合は資金提供者がおらず，資金源と運用者が同一である。上記したように，その投資の背景には経済的利益よりも，長期的にみた産業育成や経済政策など国家的戦略があると考えられる。これは投資期間が中期から長期に渡っているために可能になる戦略であり，ＧＩＣは収益を上げる適正な投資期間を20年としている。しかしながら，実際に政府の意図をもつ政府系ファンドが株式取得をすることによって株主となり，特に大口の株主となった場合，支配的株主として取る行動は重要な問題となる。

支配権行使の一手段としての議決権行使においては，政府系ファンドのなかでも明確に実施しているのはノルウェー政府年金基金グローバル（ＧＰＦ－Global）である。その議決権行使は株主価値と金融市場の効率の視点から重要であるとしている[13]。近年の例としては，ガバナンスや業績に問題があることから，投資先のウェルス・ファーゴなど米国企業に対して取締役交代を容易にし得るための株主行動を取っている[14]。しかし，ノルウェー以外の政府系ファンドが買収案件において，制度的に株主提案や議決権行使を実施したことはあまり報告されていない。むしろ，多くの政府系ファンドは買収先企業への経営関与をしないといわれている。

例えば，スイス銀行のように，明確に議決権を行使しないことを表明している政府系ファンドも存在する。これは外資準備を株式で運用する中央銀行に多くみられる[15]。また，中国のＣＩＣはモルガンスタンレー社株式10％を取得した時に支配権は行使しないと明言している[16]。さらに，ＧＣＣ諸国の政府系ファンドも議決権に関心をもたない株主といわれている[17]。

このような政府系ファンドの企業支配に関わる問題点としては，鈴木による分類がある[18]。鈴木は，政府系ファンドが株式投資において生じる問題に関して，⑴株式を購入すること自体によって生じる問題，⑵購入後の株主としての振る舞いから生じる問題，に分類する。⑴に関しては，証券市場における政府系ファンドの投資が他の投資家の投資機会を損失するという問題である。また他国政府が企業の残余財産権や利益配当請求権をもつことに対する問題も挙

図表7－3　政府系ファンドの株式投資において生じる問題

政府系ファンドの行動	発生する問題点	問題となる理由	事例
株式投資を大規模に行う	他の国内投資家の投資機会を奪う	有限な投資機会をＳＷＦが奪う	バーニーズＮＹへのＴＯＢ競合
	外国投資の場合には従業員等の感情的反発を招く	外国政府への配当によって労働分配が低下	Temasekによるインドネシア通信会社事業への投資
株主権を積極的に行使しない	投資先会社への監視行動を行わない	他のアクティブな投資家の影響力を減殺する	ＣＩＣ議決権不行使の姿勢
株主権を積極的に行使する	投資先会社の経営方針に影響を及ぼす	民間会社への（外国）政府による介入となる	
政策達成の手段として株主としての影響力を行使する	会社にとっての最適な経営ではなく，ＳＷＦ設置国の利益を優先	他の株主の損失によって政策達成	政治的投資を疑われたＫＩＡやDPWorldの事例

（出所）鈴木裕「政府系ファンドが株主になる日」『経営戦略研究』大和総研，2009年新春号，vol.20, p.20.

げている。(2)に関しては，株式取得後の株主行動の問題である。これには，議決権行使を過度に行う場合と行わない場合の両面の問題点を挙げている。国家資産を投資する政府系ファンドが議決権行使に関して消極的であれば，年金基金など他の機関投資家の経営陣に対する株主行動（経営陣への圧力をかけるなど）の影響が相殺されるというものである。また積極的な株主行動を取る場合として，安全保障や国策といった政治的意図が背景にある時に国家間の軋轢が生じるというものである（図表7－3）。

いずれにせよ政府系ファンドの株式取得による経営の関与に関しては，他の機関投資家同様の行動を取るのか，今後の推移をみる必要がある。近年の政府系ファンドの国際的Ｍ＆Ａが積極化している現状から問題となる点は，それらが単に経済的目的のみだけではなく，政治的・外交的意図をもつ場合，もしくは国策による投資を行う場合である。特に純粋なポートフォリオ運用ではない政治的・外交的利益を目指すと思われる国際的投資への懸念は，政府レベルや国民レベルで受入れられずに，多くの場合失敗に終わるケースが多い。このような投資は世界的に規制する方向にあり，もしくは，ＧＡＰＰにみられるように商業目的に限定することと自主規制を要請する潮流となっている。このように政府系ファンド規制論は世界的に拡大している。以下に，政府系ファンドが株式取得を実施したことで起きる問題点を挙げて整理し，さらに政治的投資とされたシンガポールのテマセク社が試みたＭ＆Ａの事例を紹介する。

3　政府系ファンドの証券投資に関わる問題

政府系ファンドは一般の投資家が存在せずに政府自身の正味資産を運用し，そのために投資の際に政府の意思を反映した意思決定を行う性質をもつ。近年，これらの投資戦略はポートフォリオ運用の多様化や企業買収を志向するようになってきたが，特に国外で企業買収を行う場合において公的主体による投資が引き起こす問題が提起される。近年，先進国では政府系ファンドの投資が拡大しながらも，その情報を開示せずに透明性が低いままであることに懸念が生じている。それは政府が他国企業の株式を取得した結果生じる問題であり，経済的側面として金融市場への影響を与える場合と政治的側面としての国際摩擦を生じる場合の問題が考えられる[19)]。

(1)　証券投資に起因する問題

政府が株式を取得することによって引き起こされる問題については，種々議論されているが米国財務省ローリー氏は，(1)金融市場の問題，(2)投資の問題に分類している。(1)においては，資産アロケーションの変化が価格変動を生み出すことであり，また(2)においては，安全保障の問題（ＣＦＩＵＳで対応する問題）とそれ以外の問題（特に議決権行使の問題）としている[20)]。以下に金融市場への影響と安全保障についてみていこう。

a　経済と金融市場に与える問題

具体的な問題としては，政府系ファンドの投資方針の開示がなされないままに投資を実施することで金融市場に影響を与えることである。それはリターン最大化ではなく他の目的をもった投資行動を取ることによる最適な資源配分への阻害，政府が大量の株式所有を行った場合に民間部門の投資機会が喪失する可能性が考えられる。また株式取得における議決権の問題として，株主権を積極的に行使する，もしくは行使しないことの問題，証券市場の監督機関者と投資が同一であることの問題（つまり監督の規制を受けないことによるインサイダー取引等の問題），政府の情報収集能力による投資家とのモラルハザードなどが挙げられる。近年，新設の政府系ファンドも増加していることから，金融市場における投資額が増大をしてきており，金融市場における問題のインパクトは大きい。

b　安全保障上の問題

さらなる問題の１つとして，経済的収益を求めるのみの投資ではなく，政治的意思を伴った投資が行われる場合である。これは投資受入れ国では，特に重大な懸念事項となっており，以下の問題が考えられる。政府系ファンドが投資対象国企業の支配に足る株式を取得し，その企業が通信・衛星事業や国防産業などに携わる場合には，安全保障上重要な機密情報や技術を入手して国家安全保障における問題が生じる可能生がある。また買収した場合に，大株主や役員という立場から企業の内部情報を知り得る立場となることが危惧される。これには電力や公益事業への投資においても同様のことが言える。さらに，国内産業の育成など産業政策上の目的をもつ場合の投資は国家が民間企業の技術取得に関わるなどのことも懸念される問題点である。

このような買収に対して，各国の安全保障上の規制があり，基本的に外資による自国企業への投資に対する規制は国際的に一定範囲で許容されている。特に，9.11テロ以降はアメリカを中心にＥＵ諸国でも強化する方向にある。図表７-４に示されるように各国には特定産業分野において，外資による自国企業の買収が行われるような場合は，外資規制法によって規制されることとなる。これらには，アメリカのエクソン・フロリオ条項（国防生産法），イギリスの企業法，フランスの通貨金融法典，ドイツの対外貿易決算法が存在する[21]。ア

図表７－４　諸外国の外資規制

	日本	米国	イギリス	フランス	ドイツ
法律	外為法	国防生産法（エクソン・フロリオ条項）	企業法	通貨金融法典	対外貿易決済法
規制方式	事前届出方式	事後介入方式（任意届出方式）	事後介入方式（任意届出方式）	事前届出方式	事前届出方式
対象資本	外資のみ	外資のみ	内外無差別	外資のみ	外資のみ
対象取引	上場企業の10％以上の株式取得	米企業の10％以上の株式取得（10％以下も審査対象とする改正案を発表）	英国企業の合併・買収	仏企業の33％以上の株式取得	独企業の25％以上の株式取得
対象業種	武器・航空機・宇宙・原子力・軍事転用の蓋然性が高い汎用品の製造業，電気・ガス，放送，通信等	全ての業種	全ての業種	戦略11産業（武器・軍民両用品，テロ対策，暗号通信，警備等）	戦争武器，暗号システム，戦車用エンジン
審査基準	国の安全，公の秩序，公衆の安全	国家安全保障	公共の利益	公序良俗，公共の安全，国家防衛	重要な安全保障上の利益

（出所）財務省，経済財政諮問会議資料（2008年）より作成。（http://www.mof.go.jp/international_policy/research/fy2005tyousa/1803chokutou_11.pdf）

メリカやイギリスは全産業に対して，またフランス，ドイツは武器や暗号システムなどの分野で一定以上の取引に規制がかけられることになっている。その背景には，外資による支配の可能性や投資家実態が不透明の場合などがあり，特に安全保障貿易管理上の技術流出防止などが想定されている。このことから，特に政府系ファンドの買収に対して強い懸念をもつアメリカ（財務省）は，シンガポールとアブダビ政府のファンドの間で投資における相互協定を個別に締結している。これは政府系ファンドが情報を公開し，またその意思決定から政治的影響を排除するという投資方針を定めたものである。しかしながら，政府系ファンドの他国企業への投資に対する懸念は依然として強いものとなっている。

このようなＭ＆Ａにおける安全保障上の問題として，2006年，実際にシンガポールのテマセク社によって引き起こされた事例がある[22]。テマセク社はタイのタクシン首相一族所有の衛星通信事業であるシン・コーポレーション買収を公表した。これはアジア最大の買収劇として注目を集めたが，衛星通信事業が国家機密を漏洩しかねないこと，外資規制に抵触すること，さらにはテマセク社ＣＥＯがシンガポール首相夫人でありシンガポール首相リー家はタクシン家と懇意にしていることが問題視された。結果として，同買収はタイで政局混乱の引き金となり，タクシン政権を崩壊に追い込むまでに発展した問題である。以下に詳細をみていく。

(2)　シンガポールのケーススタディー

シンガポールのテマセク社は投資戦略の１つとしてアジア諸国の株式を積極的に運用している一方で，企業買収も同時に行っていることから企業買収系ファンドの要素も併せもっている。この種のファンドの場合，近年，自国の産業発展などに沿って戦略的な投資を行うようになってきている。このような場合も基本的には長期視野に立った投資であるが，被買収企業側にとっては，非公開性が強いある国の政府系ファンドによる買収は安全保障上の問題を引き起こしかねないことが懸念され，問題になる。

a　テマセク社のシン・コーポレーション（タイ）社買収問題

2006年１月23日，タイのタクシン首相一族が所有する通信関連の持株会社シン・コーポレーションは，一族の保有株式をシンガポール政府持株会社テマセク社に733億バーツ（約2,100億円強）で売却したと公表した。発行済み株式の49.6％を１株当たり49.25バーツで，テマセク社のほかにサイアム銀行やタイ人投資家グループが運営する投資会社に売却したが，事実上の筆頭株主は持ち株比率44％を持つテマセク社となった。この売却価格は，東南アジアにおけるＭ＆Ａとしては過去最大級となり周囲の耳目を引いたが，同時に，この買収劇がタイの政局混乱の引き金となり，タクシン政権を崩壊に追い込む問題にまで発展した。

タクシン元首相のシン・コーポレーション売却の意図として，かねてより利益誘導を図り，不正蓄財を行っていると噂される同族企業（会長はタクシン首相夫人のポッチャマーン）を売却することで政治活動に専念し政権の足下を固めることがあったといわれる。1983年に設立された同社は，携帯電話，衛星通信，メディア・通信，インターネット事業など40社を超える企業を傘下にもつ。タイでは時価総額1,400億バーツにのぼる一大企業グループである。グループ内企業には，民放放送，格安航空会社，衛星通信など政府の許認可を必要とする分野が多かった。そのことからも利益相反の可能性があるとしてタイ国民や野党からの批判が絶えなかったが，そこにシン社売却の問題が浮上した。売却にあたっては，多大なキャピタル・ゲインを得ながら，個人取引の形をとり所得税が課税されないという課税回避措置などが証券法違反の疑いとして持ち上がった。証券取引委員会はタクシン一族に対する詳細の報告を要求した。さらには取引が外資規制に抵触することも問題視された。政治団体のＰＡＤ（民主主義国民同盟）がシンガポール大使館前で抗議を数回行って買収取り消しを求めるなど，批判は買収側のテマセク社にまで拡大した。このシン社株売却を契機にして，国民のタクシン首相辞任要求は急速に広がり，結果的に９月に軍部によるクーデタで解任されるにいたった。

先の章でみたように買収側のテマセク社は，シンガポールの主要産業部門に従事する多数の企業グループを傘下にもつ政府持株会社である。その傘下企業を介して間接的・直接的にシンガポール国内，アジア諸国，ＯＥＣＤ諸国など地域別戦略のもとでポートフォリオ投資を実行している。近年では，特にアジア地域の投資を重視しており，この投資も戦略的意味をもってなされたと言われる。テマセク社は，シンガポール最大の通信会社シンテル（Singapore Telecom；Sing Tel）社を通じて，1999年からシン社傘下の携帯電話事業のＡＩＳ（Advance Info Service）社株式を所有してきた経緯がある。その背景には，タイにおける携帯電話の市場シェアを５割以上占め，時価総額が第３位の同社を買収することで，タイで開始されることになっていた携帯電話の第３世代サービス（３Ｇ）に参入することがあった。つまり，東南アジア地域での携帯電話事業の足がかりをつかむ意図があったと言われている。

また，今回のM＆Aで問題となったのは，グループ内に衛星通信企業が含まれている点であり，タイの国家機密が漏出しかねない状況にタイ国民の反感が募った。加えて，テマセク社のＣＥＯはリー首相の妻のホー・チン女史であり，リー王朝のネポティズムと批判されてきた。その上にリー家は同じ客家系華人であるタクシン首相のチナワット家と長年にわたりビジネス関係を保っていた。リー政権の閣僚たちもタクシン首相が懇意にしていたことから，今回の買収においてもその緊密な人的関係が問題視されていた。いずれにせよアジア最大の買収劇は，テマセク社にとって株価下落などの大きな損失をもたらす結果となった。

b　テマセク社のインドネシア携帯電話会社の買収問題

2002年末，テマセク社は子会社の通信会社（Singapore Technologies Telemedia；ＳＴＴ）がインドネシア国営携帯電話通信大手Indosat（業界２位のPT Indonesia Satellite Corporation，Satelindoの親会社）社の株式41.9％を購入したと発表した。同社はインドネシア政府と米国ＩＴＴ社の合弁事業として設立されたものである。同買収に際して，テマセク社は市場価格より50％以上高い総額5.6兆ルピアでの購入に応じた。これによりインドネシア政府の同社持株比率は15％にまで低下した。インドネシア国内では，この売却は表面上はテマセク社の子会社ＳＴＴ社に対して行われたようにみせていたが，実際にはタックスヘイブン所在である所有者が不明であるＩＣＬ（Indonesian Communication）というＳＰＶ（特別目的会社）であるとの疑念が問題として浮上した。このことから同社従業員はこの売却に対して反対運動を展開し，また国営企業の外国政府・企業への売却の是非をめぐって，問題が政争の場にまで広がり大きな問題へと発展した。さらに付言すると，タイの場合と同様にインドネシア華人資本もシンガポールとの間に密接な関係をもっており，国民はシンガポール政府による買収に対して感情を悪化させたといわれている。それは，通貨危機時にスハルト政権下クローニー政治により蓄財した華人資本は多額の資本をシンガポールに持ち出した経緯があったためである。

テマセク社は同社買収のほかに子会社シンテル社を通じて携帯通信業の最大手 Telkomsel（PT Telekomunikasi Seluler）の株式35％も所有しており，これらを合わせるとインドネシア市場の50％を超えるシェアとなった。先のタイの事例と同様に，このＭ＆Ａもインドネシアにおける衛星通信市場の支配権を確立し得る持株比率を所有することとなった。これはテマセク社傘下のＳＴＴとシンテル両社を通した通信産業の国家戦略であるといわれた。テマセク社はシンテル社 55％，ＳＴＴ 100％所有の親会社である。さらに Indosat 株式を40％所有している Asia Mobile Holdings の株式75％も所有している。

このような経過において，インドネシア競争監督委員会（ＫＰＰＵ）は，テマセク社がインドネシアの携帯事業上位企業の株式の過半数を所有し，市場を実質的に支配し得るような現状に対して競争を阻害する「不健全競争禁止法」に抵触したと表明した。2007年にＫＰＰＵはテマセク社が買収した通信（携帯電話サービス）企業２社のうち１社を２年以内に売却するように命じた。またテマセク社に250億ルピアの罰金支払いを命じた[23)]。今回の決定のなかで，ＫＰＰＵはテマセク社が売却するにあたって，同社保有株を取得する投資家は５％を超えて株式取得できないこと，またテマセク社やその他の買い手と資本関係をもたないことが条件とされた。

これらの決定において，テマセク社は直接投資を行っていないためＫＰＰＵの命令を不当であるとしてその異議申し立てを行い，中央ジャカルタ地方裁判所に提訴した。その後，2008年にテマセク社により売却された Indosat 社の株式は，最終的にカタール通信企業カタールテレコムが40.8％を取得することとなった。

4　政府系ファンドへの投資規制

以上みてきたように，これらの政府系ファンドが世界で増加傾向にあるなかで，その投資の結果生じる企業支配が問題となる。このような現状を鑑みて，2007年にＩＭＦは年次報告書のなかで①投資目的の設定，②国家のアセットアロケーションの策定と補足，③情報開示の確立を提示し[24)]，その後Ｇ７（先進7カ国財務相・中央銀行総裁会議）において，ベストプラクティス策定への提案を行った。その後ＩＭＦは投資への懸念を事前に抑制するために投資の情報開示を担保するＧＰＡＡ原則を公表した。しかしその投資に関しては容認と規制の両者の議論がなされるようになった。受入れ国では投資の影響に対するメリットとデメリットの議論があるなかで，アメリカでは外資の買収規制強化とともに，ＥＵにおいても情報開示を促す規制を促進している。以下に政府系ファンドの買収，投資に対する規制に関してみていく。

a　アメリカの規制

アメリカでは第1章でみたように，基本的にエクソン・フロリオ条項にみられる外資規制によって外国企業による買収規制の強化がなされている。米国議会では政府系ファンドの安全保障に関わる投資の公聴会を重ねて開催し，また財務省は安全保障に関わる外資による買収の審査をより厳格化していくガイドラインを公表している。しかし，一方でアブダビ首長国，シンガポール両政府と政府系ファンドの投資のための相互協定を個別に締結する方向性もみられる。これは提携を結んだ特定国ファンドの情報開示の取り組みとなるＩＭＦやＯＥＣＤのベストプラクティスの枠組みに沿って，積極的に投資を受入れていく意向を示している。

またアメリカでは，2003年にＳＥＣがミューチュアルファンドに対して，代理議決権政策と議決権を公表するルールの確立を要求するようになった。さらに私募の投資ファンドの金融市場での影響の大きさに鑑み，従来課せられてこなかった規制・監督をＳＥＣを中心に強化する動きがみられるようになっている。

b　ヨーロッパの規制

2008年2月欧州委員会（European Commission）は政府系ファンドの透明性とガバナンスに関わる行動基準（Voluntary Code of Conduct for Sovereign Wealth

Funds' Investment）を策定した。これはリスクマネージメントポリシー，インベストメントポリシー（ファンド目的の明確化），責任の所在を明確にするポリシーの制定，また定期的な投資先の情報開示を政府系ファンドに自主的に遵守することを求める行動原則である。またこの行動基準もＩＭＦやＯＥＣＤ策定のベスト・プラクティスを推奨している。さらに，今後安全保障に関わるＥＵ域内の企業に対しての買収がある場合，特に政府系ファンドが経営権を掌握し，欧州の利益を損なうようなことがある場合の防衛として，ＥＵや加盟国が保有する「黄金株」導入の検討をしている[25)]。

ｃ　ＧＡＰＰ原則－投資行動への自主的対応

政府系ファンドが投資動向に関して情報開示を行うためにＩＭＦはボランタリーな行動原則であるＧＡＰＰ原則を設定した（図表１－２参照）。同原則は，政府系ファンドがガバナンス，ディスクロージャーとアカウンタビリティを確立するとともに投資受入国の規制や情報開示を守るように促すための24原則から構成されているルールである[26)]。以下にＧＡＰＰ原則から政府系ファンドの投資のあり方に関わる項目をみていこう。第18～24原則は，投資とリスク管理に関する事項であり，特にＧＡＰＰの第19原則は，政治的問題において，政府系ファンドは経済利益のために投資を行うべきであると明確に規定している。この第19原則は政府系ファンドの経済的財務的理由に基づいて投資を行うべきであるということを強調している。またリターンの最大化は政府系ファンドの中心的目的であり，投資行動はこの目的と整合的でなければならないとしている。さらには，原則17においては，投資の実態に関して一般に向けてアセット・アロケーション，ベンチマーク，リターンの財務情報，原則18においては，投資スタイル（パッシブ・アクティブ等），投資テーマ，レバレッジの使用などを公表すべきとしている。その他に第21原則では，株主権が株式の価値の構成要素であることを前提に，政府系ファンドは投資の経済的価値を守るために，情報を開示して株主権を行使すべきであるとしている。またこの補足説明において，議決権行使を公表することにより経済目的以外の投資への懸念をなくすことになるとしている。このように，投資は経済目的の純投資であること，また議決権行使を公開して行うこと，また投資の詳細を明らかにしていくことなどを明確にしている。これは，ボランタリーであるが，政治的目的の払拭に努めるための原則となっている[27)]。

5　結　　び

政府系ファンドと他のファンドとの相違は政府による所有，それによる政府の意図の反映があるという点である。その投資手法は多様なアセットクラスに投資する戦略的なポートフォリオ型，さらには株式投資による企業買収を積極的に行うタイプに多様化してきている。これらのファンドは元来レバレッジをかけない長期スタンスの投資であることから，国際金融市場の安定化に寄与するとの評価がある。特にサブプライム時における状況下での欧米諸国の金融機関への巨額投資は世界の資源の効率的配分に寄与したといわれた。しかしながら，一方で投資における情報の非公開性や政府の意図が他国企業の投資に反映されること，また安全保障上の懸念などが表面化して，それが脅威論として議論の対象となっているのである。

実際に政府系ファンドのクロスボーダー投資は拡大しており，それは投資受入れ国との間で商業的投資と政治的・外交的投資の不明瞭さから，様々に問題を引き起こしてきている。このような現状に関して，政府系ファンド自身は政治・外交上のリターンを意図しているものではなく，経済的リターンを目指す投資であることを主張している。本章でみたように，実際には産業政策に基づく国内の幼稚産業の育成などが目的の場合が多い。

以上の経過を経て，政府系ファンドは国際的に投資の透明化を高める議論へと繋がってきたのである。特に投資の対象国となる米国やＥＵでは規制への取り組みがなされ，またＩＭＦやＯＥＣＤにより投資の情報開示の枠組みが形成されるようになった。政府系ファンドの投資は，サブプライム後は株価の低迷から，いったんは沈静化したが，近年，再び増大する傾向にある。国際金融市場において，主要な投資主体として認識されるためには，今後，ファンド自身が情報開示をいかにしていくかが重要な課題となっていくであろう。

（注）

1）ＢＰ社問題は株式や商品相場に多大な影響を与えた。原油除去費用３億5,000万ドルを含め最終負担額は140億ドルを超え，株価下落による時価総額は1,000億ドルから600億ドルに，株価は事故後１ヶ月で半値に減少した。また格付会社は投資適格程度を下回るまで格付けを引き下げた。同社株はイギリスではほぼすべての年金基金に組み込まれ，国民経済に与える影響も大きい。

2）日本経済新聞，2010年６月20日。

3）朝日新聞，2010年７月７日。アラブ首長国連邦（ＵＡＥ）関係筋が７日明らかにした。

4）吉川浩史「わが国でも増加するクロスボーダーＭ＆Ａによるグローバル展開」『資本市場クォータリー』野村総合研究所，2009年参照。2003年の1,700億ドルから2007年には１兆8,000億ドルへと急増した。2009年，金融危機により一旦クロスボーダー取引は減少したが，2010年から再び増加傾向にある。

5）例えば，2007年以降，中国では政府系投資機関を通じた金融，資源・エネルギー，通信サービス等のＭ＆Ａが加速している。またカタールでは教育，健康・医療，インフラ，自動車，アブダビでは医療，航空，通信，半導体などの分野の買収を行っている。

6）これは経済社会開発銀行（ＢＮＤＥＳ）が運営する。在日ブラジル商工会議所（http://jp.camaradojapao.org.br/）［2012/3/25］

7）Reuters（online）2008年８月11日。

8）ＣＩＣは外貨準備超過部分の運用機関として，100％政府出資で2007年に設立された。2002年制定された「走出法」により多くの中国企業が海外での投資や企業買収を積極化させたことから，近年，米国を中心に政治的投資の懸念が噴出している。

9）Routers（online）2012年１月20日。

10）金堅敏「中国企業の海外投資戦略と政府系ファンド」『経済レポート』315号，富士通経済研究所，2008年参照。

11）アクティビストとは，積極的に行動する株主を指す。基本的には割安の企業を発掘して投資を行い，積極的に関与すること（株主提案や議決権行使など）によって投資先企業の価値向上を目指す戦略を取る。これは，割安企業投資（バリュー株運用）とマイノリティー出資（50％未満）を特徴とし，友好的と敵対的に分けられる。

12）鈴木裕「公的資金のアクティビズム―オーストラリアの事例」『経営戦略情報』2007年11月。

13）ノルウェーには２つの政府年金基金 Pension Fund Norway と Pension Fund Global がある。前者は主に国内企業に投資を行い，後者は北海油田の収益が原資であり，将来の資源枯渇のために中央銀行インベストメント・マネージメント（ＮＢＩＭ）が運用を委託されている。 The Government Pension Fund of Norway, *Ownership report, 2011*. (http://www.ftf.no/en/c-221-Ownership-report. aspx.) [2012/3/25]

14）Wall Street Journal（online）2011年12月６日。同基金を運用するノルウェー中央銀行（ＮＢＩＭ）の保有方針責任者のA. クバム氏は米国企業５社の取締役会は「株主との間に，より良い信頼関係を築く必要がある」と述べている。

15）U.S. Department of the Treasury, "Remarks by Treasury Assistant Secretary for International Affirs Clay Lowery at Berclays Capitals Annual Global Inflation-Linked Conference, 25 February 2008.

16）Reuters（online），2010年９月１日。

17）鈴木裕「ソブリンウェルズファンドはどこへ行く」『経営戦略研究』大和総研，2008年，春季号，Vol.17，p.12.

18）鈴木裕「政府系ファンドが株主になる日」『経営戦略研究』大和総研，2009年，新春号，vol.20，p.6.

19）Paul Rose, "Sovereigns as shareholders, *North Carolina Law Review*, Vol.87, Fall 2008, Social Science Research Network, 2008参照 .

20）U.S. Department of the Treasury, *op., cit*.

21）日本の場合は外為法（武器，航空業，通信業などを対象として，上場企業の10％以上の株式取得の場合）や電波法などの個別業法により外資規制が実施されている。

22）拙稿，『アジア動向年報』アジア経済研究所，2007年 pp.378-379。

23）Reuters（online），2007年11月20日。

24）IMF, "World, Global Financial Stability Report-Financial Market Turbulence Causes, Consequences, and Policies", *Economic and Financial Surveys*, October 2007, p.50.

25）「議決権行使による経営介入の阻止」日本経済新聞，2007年８月６日。

26）IWG, "Sovereign Wealth Funds-Generally Accepted Principles and Practices "Santiago Principles", October 2008.

27）ＩＦＳＷＦ（International Forum of Sovereign Wealth Funds）は政府系ファンドが投資活動において，サンチャゴ原則（ＧＡＰＰ）の各項目を遵守しているかの調査を行っている。多くのファンドが遵守する方向性にあると答えているが，強制力がないために依然として情報開示レベルは低い。IFSWF, "Members' Experiences in the Application of the Santiago Principle", 7 July 2011.

おわりに

—日本へのインプリケーション

政府系ファンドの現状は日々変化をしてきている。現在，政府系ファンドを設立する国は急速に増えつつあり，その設立目的も多様化してきている。従来，資源の枯渇に備えた資源収入や超過した外貨準備の運用が主な設立目的であったが，現在は国際的な買収支援や買収対象となった場合の防衛目的などと多様化してきている。これは現在の企業を取巻くグローバルな外部環境が進展し，経済や資本取引はクロスボーダーとなっていることが背景にある。

一般に政府系ファンドの投資行動パターンは国家戦略上の産業政策とリンクしていることが多い。サブプライム時の投資にみられたように，多くの政府系ファンドは金融技術の取り込みなど自国の金融環境の制度化を目指したものが多く，また製造業における先進国企業からの技術の獲得は重要な目的となっている。この点は，M＆Aを実施した企業の産業分野（技術）によっては政治・外交目的か，産業目的か，もしくは商業目的かをめぐって投資ファンドと投資受入れ国との間にコンフリクトを生む可能性を孕み，欧米諸国では投資の受入れを歓迎しつつも脅威論が後を絶たない。実際には，投資対象国では自国産業を守るために外資規制による投資障壁を設けることが多い。例えば，我が国ではイギリスの投資会社ザ・チルドレンズ・インベストメント・マスター・ファンド（ＴＣＩ）が電力会社Ｊ.パワーへの株式の大量取得を押し進めた事例がみられた。これは経済産業省が外為法により買い増し中止命令を出した最初の事例となった。このように，民間企業においても航空機，通信，電力・ガスなどの産業への投資は国際摩擦を生じることになるが，それが政府機関や国家による国際投資の場合は，国家間の摩擦を生じ得る事態となる。

近年，これはＯＥＣＤやＩＭＦなど国際機関の投資原則の一定ルールがファンドに透明性をもたせ，また政治的・外交的目的よりも経済的・商業的目的での投資を促進する役割を果たすことが期待されている。シンガポールの政府系ファンドＧＩＣはこれを機に自ら情報開示に踏み切っている。これはノルウェーの政府系ファンドに次ぐ透明性の高さとなっており，一般に民主的な国ほど情報開示レベルが高くなっている。これらは国民に対する情報開示の義務を果たしているためである。しかし，他方で未だに実態がみえない政府投資機関も存在する。政府系ファンドが国際金融市場における主要な投資家となりつつある現在，自らの情報開示を果たし，説明責任を遂行していくことが今後さらに重要となるであろう。

日本では現在のところ，政府系ファンドに対しての規制論や監督論はみられていない。日本の外資規制も特定産業に限定されている。近年日本への政府系ファンドによる投資は急速に増え，シンガポールのテマセク社やＧＩＣによる不動産投資をはじめ，ノルウェー，ＧＣＣ諸国アブダビ，ドバイなどの投資がみられた。そして2011年頃より中国の政府系ファンドが日本企業への投資を急速に増やしており，上場企業の投資は百数十社を既に超えるともいわれている。今後，日本への投資が増加した場合は，本文でもみたように日本も受入れ国としてＯＥＣＤの投資受入れルールに基づく必要が出てくる。

一方で，政府系ファンド側のインプリケーションとして，日本の年金基金と外貨準備に対する運用の可能性がある。財務省の調査では，日本は財務省・日銀が所轄する１兆ドルの外貨準備とＧＰＩＦ（年金積立金管理運用独立行政法人）が所轄する120兆円弱の公的年金基金（内，外貨資産は19兆円）を有している（2009年10月時点）。その運用次第では我が国財政に大きな影響を与えうるものとして，保有する巨額の公的資産の効率運用のために政府系ファンドの枠組みを利用する余地はないかとの報告書をまとめている（財務省，「政府系ファンド（ＳＷＦ）の役割と政策的インプリケーション」調査報告，2009年10月）。2011年に欧州ソブリン債問題に端を発した世界金融危機により政府系ファンドとして知られるノルウェー政府年金基金（ＧＰＦ-Global）は１兆2,500億円の運用損失を公表した。また日本のＧＰＩＦは８兆1,400億円（同年３月末～９月末運用収益額）の運用損失を計上している。

例えば，ＧＰＩＦの運用状況をみると，2011年の基本ポートフォリオは，国内債券67％，国内株式11％，外国債券８％，外国株式９％，短期資産５％であった。長期的視点から政策アセットミックスは各資産クラスの期待収益率，リスクを考慮した分散投資に基づいて，リスク（利回りの標準偏差）を低減して期待利回りを上回る資産構成割合であるポートフォリオを定めている。また運用目標値としての実質的な運用利回りは3.2％（物価上昇率1.1％，賃金上昇率2.1％）とされ，2011年の収益率は2.32％であった。さらに運用資産はほとんどがインデックスに連動したパッシブ運用（2011年67％）であり，アクティブ運用（20％）比率は低い。またその構成比からみられるように政府系ファンドがリスク分散手法としている不動産を含めたオルタナティブ資産による運用は実施されておらず，分散されたポートフォリオとはいえない。

このような運用の方向性から，日本のＧＰＩＦはリスク性投資を行わず低利回りの安定した運用を目指す姿勢が窺える。また上記したＧＰＦ-Globalと比較して大きい収益損は，近年の国際金融市場の影響が世界の市場に連鎖される可能性がある時にそのリスクを避けることができないことを示している。2010年単年でみると，アメリカ・カリフォルニア州職員退職年金基金（CalPERS）は13.1％，カナダ年金制度投資委員会（ＧＰＰＩＢ）は11.9％，ＧＰＦ-Globalは4.9％など，他国の年金基金や政府系ファンドの収益と比較するとはるかに低くなっている。つまり，財務省や内閣府が日本の世界最高水準の公的部門の外貨準備や年金資産の運用に関わる意思決定メカニズムとガバナンスは適切か，との問題意識を提示したように，政府系ファンドの存在は運用の視点から，今後の日本公的資産運用におけるインプリケーションを提示するであろう（内閣府経済財政諮問会議グローバル改革専門調査会「『公的年金基金運用の改革に向けて』―世界の経済成長を生活の豊かさに―」第二報告，2008年５月。）。

本書のなかでシンガポールの政府系ファンド２社のケースでみたように，それらは明確な国家戦略における産業政策上での動きをみせている。シンガポールという小国は，1965年に独立を果たした人口400万人の狭隘な土地の都市国家である。シンガポール政府は，1974年にテマセク社，1981年にＧＩＣを設立し，現在では世界的な位置づけがなされる政府系ファンドとして成長を遂げてきている。政府はこれら両社を国家の目的に合わせて，その役割を柔軟に変容させることで，設立後数十年にわたり高収益を実現し国民生活に寄与している。現代の激しい世界の経済環境の変動のなかで，それらがいかに変化をしながら発展を遂げていくか，今後を見守りたい。またそこには，将来，我が国が模範とできるような示唆がみいだせるかもしれない。

引用・参考文献一覧

【英文文献】

Ariff, Mohamed, and Lester W. Johnson (1990), *Securities Markets & Stock Pricing*, Longman Singapore Publishers.

Avendaño, Rolando, and Javier Santiso (2008), "Are Sovereign Wealth Funds' Investments Politically Biased? A Comparison with Mutual Funds", *Working Paper No.283*, OECD Development Centre.

Azizah,Talib (1993), *Monetary Policy in the SEACEN Countries*: An Update, The SEACEN Centre Kuala Lumpur.

Balding, Christopher (2008), "A Portfolio Analysis of Sovereign Wealth Funds", June 6. (Available at SSRN: http://ssrn.com/abstract=1141531)

——— (2012), "A Brief Research Note on Temasek Holdings and Singapore: Mr. Madoff Goes to Singapore", February 8. (Available at SSRN: http://ssrn.com/abstract=2001343)

Brealey, Richard A., Stewart C. Myers, and Franklin Allen (2010), *Principles of Corporate Finance*, McGraw Hill Higher Education; Global edition of 10th revised ed. (リチャード・ブリーリー他 (2007)『コーポレート ファイナンス第８版 (上)(下)』日経ＢＰ社)

Beck, Roland and Michael, Fidora (2008). "The Impact of Sovereign Wealth Funds on Global Financial Markets", *Occasional Paper Series No.91, European Central Bank, July*.

Bercuson, Kenneth (1995). *Singapore A Case Study in Rapid Development*, IMF.

Blundel-wignall, A., Yu-Wei-Hu, and Juan. Yermo (2008), "Sovereign Wealth and Pension Fund Issues", *OECD Working Papers on Insurance and Private Pensions*, No. 14, OECD.

Barbary, Victoria, Bernardo Bortolotti, Veljko Fotak, and William Miracky (2010), "Sovereign Wealth Fund Investment Behavior", *Semi-Annual Report: January-June 2010*, Monitor Group.

CCH Asia Limited (1990) *Singapore Companies Legislation*, 1990ed., CCH Asia Limited.

Chalamish, Efraim (2009), Protectionism and Sovereign Investment Post Global Recession, OECD Global Forum on International Investment, December.

Chandran, Ravi (2003), *Introduction to Business Law in Singapore*, 2nd ed., National University of Singapore.

Chan Heng Chee (1995), *Regional Outlook Southeast Asia 1995-96*, Institute of Southeast Asian Studies.

Chen, Peter S. J. ed. (1983), *Singapore Development Policies and Trend*, Oxford University Press.

Cheong, Yong Mun ed. (1992), *Asian Traditions and Modernization-Perspectives from Singapore*, Times Academic Press.
Chew, Ernest C. T. and Lee, Edwin (1991). *A History Of Singapore*, Oxford University Press.
Chong, Sebastian (2004), *Blueblack Chips and Growth Stocks*, Financial Info Analysis.
——— (2003), Value Investing in Singapore Listed Companies, Financial Info Analysis.
Chow, Irene, Neil Holbert, Lane Kelly, and Julie Yu (2004), *Business Strategy : An Asia-Pacific Focus*, 2nd ed., PEARSON.
Clegg, Stewart, and S. Gordon Redding (1990), *The Spirit of Chinese Capitalism*, Walter de Gruyter.
Clegg, Stewart, and S. Gordon Redding, eds. (1990), *Capitalism in Contrasting Cultures*, Walter de Gruyter .
Committee on Singapore's Competitiveness (1998), *Report of the Committee on Singapore's Competitiveness*, November.
Corporate Finance Committee (1998), *Consultative Paper on the Securities Market*, May.
Corporate Governance Committee (2001), *Report of the Committee and Code of Corporate Governance*, March.
Department of Statistics Singapore (1983), *Economic & Social Statistics Singapore 1960-1982*, Singapore National Printers.
——— (1988), *Singapore National Accounts 1987*, Singapore National Printers.
——— (1992), *Yearbook of Statistics Singapore 1992*, Singapore National Printers.
——— (1993), *Economic Survey Series The Services Sector 1991*, Singapore National Printers.
——— (1996), *Singapore System of National Accounts 1995*, Namic Printers.
——— (1997), *Yearbook of Statistics Singapore 1997*, Grace Communications.
——— (1999), *Singapore 1999 Statistical Highlights*, Grid Design Advertising Consultauts.
——— (2000), *Yearbook of Statistics 2000*, Photoplates.
——— (2002), *Yearbook of Statistics Singapore 2002*, Namic Printers.
Deutsche Bank Research (2008), "How to spent it Commodity and Non-Commodity Sovereign Wealth Funds", Working Paper series Research Note 28, July.
——— (2008), "SWFs and Foreign Investment Policies-An update" Current Issues, October.
Devlin, Will, and Bill Brummit (2007), "A Few Sovereign More : The Rise of Sovereign Wealth Funds", Economic Round-up, Spring. (Available at : http://search.informit.com.au/documentSummary;dn=282954022550056;res=IELBUS)
Douglas, Peter, and Andy Ong (2000) *Investing in Unit Trust in Singapore*, 2nd ed., AFPJ.
DP Information Network (2004), *Singapore Corporate Family Tree 2004*, DP Information Network.
E. M. Truman (2008), "The blueprint for Sovereign Wealth Fund Best Practice", *Policy*

Brief, Peterson Institute, April.

Farrell, Diana and Susan Lund, and Koby Sadan (2008), "The New Power Brokers : Gaining Clout In Turbulent Markets", Mckinsey Global Institute, Mckinsey & Company, July.

Fletcher, Nancy McHenry (1969), *The separation of Singapore From Malaysia*, No.73, Southeast Asia Program, Department of Asian Studies, Cornell University.

Foo Siang Luen (2000), *SINGAPORE2001*, Ministry of Information and the Arts, 31 December.

GAO (2008), "Sovereign Wealth Funds Publicly Available Data on Size and Investments for Some Funds Are Limited", Report to the Committee on Banking, Housing, and Urban Affairs, U.S. Senate.
(available at : http://www.gao.gov/new.items/d08946.pdf)

GIC (2006), Keynote Address by Minister Mentor Lee Kuan Yew, Chairman, at the GIC 25th Anniversary Dinner, 11 July.

——— (2007), Opening Address by Dr.Tony Tan Kern Yam. Deputy Chairman and Exective Director, at Associates Programme 2007 Opening Session on 31 July.

——— (2007). Statement by Dr Tony Tan Keng Yarn Deputy Chairman and Executive Director, at CIC Media Conference on 10 December.

——— (2008). *Report on the Management of the Government's portfolio for the year 2007/ 2008.*

——— (2008). Speech by Dr. Tony Tan keng Yam, Deputy Chairman and Executive Director. at the 2008 Annual Meeting of the Institute of International Finance on "The Future Shape of Global Finance" 12 October.

——— (2009), *Report on the Management of the Government's Portfolio for the Year 2008/ 2009.*

——— (2009), Remarks by Dr Tony Tan Keng Yam Deputy Chairman and Executive Director, at the APEC CEO Summit Panel Discussion on "The Role of Sovereign Wealth Funds in Re-building the Global Economy", 14 November.

——— (2010), *Report on the Management of the Government's portfolio for the Year 2009/ 2010.*

——— (2010), Keynote Address by Mr.Ng Kok Song, group Chief Investment Officer, and Chairman. Wealth Management Institute, at CFA Institute Conference, "Private Wealth Management, Successful Strategies for Asia and Beyond," 29-30 September.

——— (2011), *Report on the Management of the Government's Portfolio for the Year 2010/ 2011.*

Gieve, Jhon (2008), "Sovereign Wealth Funds and Global Imbalance", Speech at the Sovereign Wealth Management Conference, 14 March, *BIS Review 31/2008.*

Gilson, Ronand J., and Curtis J. Milhaupt (2008), "Sovereign Wealth Funds and

Corporate Governance : A Minimalist Response to the New Merchantilism", Rock Center for Corporate Governance, Stanford Law and Economics Olin Working Paper No.355, *Stanford University Working Paper Series No.26*, February. (Available at SSRN : http://ssrn.com/abstract=1095023)

Goh Keng Swee (1972), *The Economics of Modernization*, Federal Publications.

Government Pension Fund of Norway (2011), *Annual Report 2011*, NBIM.

Hall, Jhon. C. (2009), *Risk Management and Financial Institutions 2nd ed*, Pearson. (ジョン. C.ハル (2008)『ファイナンシャルリスクマネージメント』竹谷仁宏訳, ピアソンエデュケーション)

Hammer, Cornelia, Peter Kunzel, and Iva Petrova (2008), "Sovereign Wealth Fund : Current Institutional and Operational Practices", *IMF Working Paper 08/254*, November .

Hildebrand, Philipp (2007). "The Challenge of Sovereign Wealth Funds", speech at the International Center for monetary and Banking Studies, 18 December. *BIS Review 150/2007*, 18 December.

Hill, Michael (1990). "No.150 'Asian Values' as Reverse Orientalism : The case of Singapore", *Working Papers*, Department of Sociology, National University of Singapore.

Huat Chwee Tan (2002), *Singapore Financial & Business Sourcebook*, 2nd ed., Singapore University Press.

IMF (2007), "Global Financial Stability Report : Financial Market Turbulence Causes, Consequense, and Policies", *World Economic and Financial Surveys*, October.

——— (2008), "Sovereign Wealth Funds-A Work Agenda", February 29.

——— (2008), "Norway's Oil Fund Shows the Way for Wealth Funds", *IMF Survey Magazine*, 9 July.

——— (2011), "Global Financial Stability Report : Grappling with Crisis Legacies", *World Economic and Financial Surveys*, September.

Ito, Takayoshi, and Anne O. Krueger eds. (1996), "Financial Deregulation and Integration in East Asia" *National Bureau of Economic Research*, Vol.5, University of Chicago.

IWG (2008), "Sovereign Wealth Funds-Generally Accepted Principles and Practices 'Santiago Principles'", October.

Jen, Stephen (2007), "The Definition of a Sovereign Wealth Fund", *Morgan Stanley Research*, Morgan Stanley, October 25.

——— (2007), "Sovereign Wealth Funds : A New Growing Class of Funds, *Investment Management Journal*, Morgan Stanley, December.

Kern, Lee (1998) *Corporate Handbook Singapore 1998*, Thomson Information.

Kern, Steffen (2008). "SWFs and Foreign Investment Policies-an Update", *Deutsche Bank Research*, October 22.

Koller, Tim, Marc Goedhart and David Wessels (2010), *Valuation : Measuring and Managing the Value of Companies*, McKinsey & Company, Wiley Finance.（マッキンゼーアンドカンパニー，ティム・コラー他（2012）『企業価値評価第5版（上）（下）』ダイヤモンド社）

Kompass South East Asia Ltd (1998), *Derectory of Japanese Business In Singapore 1998*.

Krause, B. Lawrence, Koh Ai Tee and Lee Tsao Yuan (1990), *The Singapore Economy Reconsidered*, ISEAS.

Kuo, Eddie C. Y (1990). "No.101 Ethnicity, Polity And Economy : A Case Study of Mandarin Trade and The Chinese Connection", *Working Papers*, Department of Sociology, National University of Singapore.

Lam, Peng Er and Kevin Yl Tan eds. (1999), *Lee's Lieutenants*, Allen & Unwin.

Le Borgne, Eric and Paulo Medas (2007), Sovereign Wealth Funds in the Pacific Island Countries : Macro-Fiscal Linkages, *IMF Working Paper*, IMF, December.

Lee, Edwin (1985), *One Hundred Years' History of The Chinese in Singapore*, Oxford University Press.

Lim Chong-Yah, and Peter J. Lloyd (1986), *Singapore Resources and Growth*, Oxford University Press.

Low, Chee.Keong, ed. (2002), *Corporate Governance : An Asia Pacific Critique*, Hongkong : Sweet & Maxwell Asia.

Low, Linda (1990), *The Political Economy of Privatization in Singapore*, MacGraw-Hill.

——— (1998), *The Political Economy of A City-State*, Oxford University Press.

Low, Linda ed. (1995), *Wealth of East Asian Nations*, Federal Publications.

Low, Linda and Lim Bee Lum (1997), *Strategies of Singapore Economic Success*, Federal Publications.

Low, Linda and Douglas M Johnston eds. (2003) *Singapore Inc.*, Eastern Universities Press.

Low, Linda, Toh Mun Heng, Soon Teck Wong, Tan Kong Yan and Helen Hughes (1995), *Challenge and Response : Thirty Years of the Economic Development Board*, Times Academic Press.

Manpower Research and Statistics Department Singapore (1999), *1998 Singapore Yearbook of Manpower Statistics*, Manpower Research and Statistics Department Singapore.

Marshall, Oliver (1991), *Campany Law*, 11th ed., Longman Group UK.

MAS, *Annual Report 1997/1998-2011/2012*.

——— (1998), "1998 Survey of Fund Management Activities in Singapore", *Surveys*, MAS.

——— "Survey of the Singapore Asset Management Industry" (each issue), *Surveys*, MAS,.

——— "Singapore Asset Management Industry Survey" (each issue), *Surveys*, MAS.

——— (1998), "Developing Singapore as one of Asia's Premier Financial Centres-Building the Treasury, Capital Markets and Asset Management Industries" Speech by Mr. Lim Hng Kiang, at the 25th Anniversary Dinner of the Singapore Financial Markets Association, 13 November.

——— (1998), "Financial Sector Review : A Round-Up & Next Steps Financial Sector Review Group (FSRG) Appreciation Dinner" Speech by DPM Lee Hsien Loong at the Financial Sector Review Group (FSRG) Appreciation Dinner, 27 November.

——— (1999), "Assets Management in Singapore : Laying the Groundwork for Long-Term Success" Speech by Mr Koh Yong Guan, MAS at the 2nd Investment Management Association of Singapore Annual Conference, 17 May.

——— (1999), "DPM Lee's Reply to Parliamentary Question on Progress in Engaging a Private Fund Manager to Manage Public Funds", Issues Raised in Parliament, 11 Feburary.

——— (2005), *Banking Act (Chapter19) : Banking (Corporate Governance) Regulations 2005.*

——— (2010), *Corporate Governace Code and Principle : Singapore*, December.

——— (2012), *Code of Corporate Governance : 2 MAY 2012.*

McVey Ruth ed. (1993), *Southeast Asian Capitalist*, SEAP.

Ministry of Information and the Arts, *Singapore Government Directory*, July 1998.

——— (1993), *Economic Survey of Singapore 1992*, SNP Publishers.

——— (1994), *Economic Survey of Singapore 1993*, SNP Publishers.

——— (1998), *Economic Survey of Singapore 1997*, SNP Security Printing.

——— (2006), *Economic Survey of Singapore 2005*, SNP Publishers.

Ministry of Trade and Industry (1986), *The Singapore Economy : New Directions*, Singapore National Printers.

——— (1991), *The Strategic Economic Plan Towards A Developed Nation*, Singapore National Printers.

——— (1993), *Final Report of The Committee to Promote Enterprise Overseas*, SNP Publishers.

Miracky, William and Bortolotti Bernardo (2009). "Back on Course", *Sovereign Wealth Fund Activity in 2009*, MONITOR.

National Computer Board (1992), *A Vision of An Intelligent Island IT 2000 Report*, SNP Publishers.

Ng, Jason Tan and Pac Tee (2005), *Shaping Singapore's Future*, PEARSON PRENTICE HALL.

OECD (2004), "OECD Principles of Corporate Governace".

——— (2008), "Sovereign Wealth Funds and Recipient Countries-Working together to maintain and expand freedom of investment", OECD Investment Division.

——— (2008), "Sovereign Wealth Funds and Recipient Countries Policies", OECD Investment Committee Report, April.

——— (2009), "Competition Law and Foreign-Government Controlled Investors", Jannuary.

——— (2011), "OECD Guidelines for Multinational Enterprises 2011 Edition".

——— (2012), "Large Pension Funds : Survey 2011".

Oliver, M. C. and E. A. Marshall (1991), *Company Law*, 11th ed., Longman Group UK.

Peebles, Gavin, and Peter Wilson (2002), *Economic Growth and Development in Singapore Past and Future*, Edward Elgar Publishing.

Pelkmans, Jacques and Norber Wagner eds. (1990), *Privatization and Deregulation in ASEAN and the EC*, ISEAS.

Phang, Andrew ed. (2004). *Basic Principales of Singapore Business Law*, Singapore Management University.

Plotkin, E. Mark (2008), "Foreign Direct Investment by Sovereign Wealth Funds : Using the Market and the Committee on Foreign Investment in the United States Together To Make the United States More Secure", The Yale Law Journal Pocket Part, 118 : 88.

Qatar Financial Centre (2012), *The Global Financial Centres Index : Volume 11*, March, Financial Centre Futures.
(Availableat : http://www.longfinance.net/Publications/GFCI%2011.pdf)

Qvigstad, Jan F. (2009), "The Global Economic Crisis and Its Impact on Sovereign Wealth Funds : The Example of Norway", speech at a meeting for financial sector representatives, 11 May, *BIS Review 58/2009*.

Redding, S. Gordon (1990), *The Spirit of Chinese Capitalism*, Walter de Gruyter.

Roche, Julian (2005), *Corporate Governance in Singapore*, Routledge.

Rodan, Garry (1989), The Political Economy of Singapore's industrialization, Forum.

Rose,Paul (2008), "Sovereigns As Shareholders", North Carolina Law Review, Vol.87.

Ross A. Stephen, Jeffrey F. Jaffe, and Randolph W. Westerfield (1988), *Corporate Finance*, McGraw-Hill. (ステファン・ロス他 (2007)『コーポレートファイナンスの原理』第７版，大野薫訳，金融財政事情研究会)

Rothacher, Albrecht ed. (2005), *Corporate Globalization－Business Cultures in ASIA and EUROPE*, Marshall Cavendish Academic.

Roxburgh, Charles, Susan Lund, Matt Lippert, Olivia L. White, and Yue Zhao (2009), "The new power brokers : How oil, Asia, hedge funds, and private equity are faring in the financial crisis", Mckinsey Global Institute, Mckinsey & Company. July.

Saw Swee-Hock and Lim Choo Peng (1990), *Investment Analysis and Management*, Longman Singapore Publishers.

Saw Swee-Hock (1991), *Investment Management in Singapore 2nd ed.*, Longman Singapore

Publishers.
Shimizu, Hiroshi and Hirakawa, Hitoshi (1999). *Japan and Singapore in the World Economy, Japan's Economic Advance into Singapore 1870-1965*, Routledge.
Shimomura, Yasutami ed. (2003), *The Role of Governance in Asia*, ASEAN Foundation.
Sie, Brigitte Kok Hwa (1997), Singapore : *A Modern City-State Relationship Between Cultural and Economic Development*, based On The Author's Doctoral Dissertation - Katholieke Universiteit Nijmegen.
Singapore Economic Development Board (1998), *Report on the Census of Industrial Production 1996*, SNP Corporation.
——— (2000), *Report on the Census of Industrial Production 1998*, SNP Corporation.
——— (2001), *Report on the Census of Manufacturing Activities 2000*, SNP Corporation.
Singapore Exchange Limited : SGX (2001), *Companies Handbook 2000 Part 1-2*, Singapore Exchange Limited.
——— (2002), *Companies Handbook 2001 Part 1-2*, Singapore Exchange Limited.
——— (2001), *Securities and Futures Act (Chapter 289, 2002 revised edition)*.
———, *PULSES*, Singapore. (each issue)
Singapore International Chamber of Commerce (1993), *The Investor's Guide to Singapore 1994 Edition*, October.
Singapore Productivity and Standards Board (1997), *Sources of National Manpower Date a select Bibliography*, November.
Singh, Kulwant, Nitin Pangarkar, and Loizos Heracleous (2003), *Business Strategy in Asia : A Casebook*, 2nd ed., National University of Singapore.
Stock Exchange of Singapore : SES (1975), *Companies Handbook 1994 Part 1-4*, Stock Exchange of Singapore.
———, *SES Journals, Singapore*. (each issue)
Sun,Tao, and Heiko Hesse (2009), "Sovereign Wealth Funds and Financial Stability", *IMF Research Bulletin*, Vol.10, No.1, March.
Suryadinata, Leo ed. (1995), *Southeast Asian Chinese and China : The Politico-Economic Dimension*, Times Academic Press.
Tabalujan, Benny S., and Valerie Du Toit-Low (2003), *Singapore Business Law*, 3rd ed., Business Law Asia.
Talib, Azizab (1993), *Monetary Policy in the SEACEN Countries : An Update*, The SEACEN Centre.
Tan Chwee Huat (1992), *Financial Markets and institutions in Singapore*, 7th ed., Singapore University Press.
——— (1995), *Strategic Policies & Business in Singapore*, McGraw-Hill.
——— (1997), *Singapore Financial & Business Sourcebook*, Singapore University Press.
——— (1999), *Financial Markets and Institutions in Singapore (TENTH EDITION)*, Singapore University Press.

——— (2001), *Financing for Entrepreneurs and Businesses*, Singapore University Press.

——— (2004), *Financial Services in Singapore*, NUS Publishing.

Temasek Holdings (2007), "We are not guilty : Investment firm to fight KPPU decision", News Release, 19 November.

——— (2007), "Temasek to Fight Verdict : Investment firm says critical evidence was ignore", News Release, 20 November.

——— (2007), "Temasek Holdings fight KPPU decision : Submits appeal to the Central Jakarta District Court", News Release, 18 December.

——— (2008), "A Dependable Investor in the United States : Temasek's testimony to the US House Financial Services Committee", Foreign Government Investment in the United States Economy and Financial Sector, 5 March. (Testimony of Simon Claude Israel).

——— (2008), Acceptance Remarks by Ms. Ho Chin Executive Director and CEO. Asia Society's 21st Annual Dinner, 25 July.

——— (2008), "Temasek Holdings on the Role of Sovereign Funds in Today's Globalization" speech by S. Dhanabalan Chairman, at the Indus Entrepreneurs event, 21 August.

——— (2009), *Temasek Review 2009 Technical Briefing.*

——— (2009), *Temasek Review 2009.*

——— (2009), "Temasek Holdings : With Tomorrow in Mind", Remarks by Ms. Ho Ching Executive Director and CEO at "An Evening with the Junior Pyramid", 12 May.

——— (2009), "Buildings a Sustainable Institution" speech by Ho Chin, Executive Director and CEO at the Institute of Policy Studies, 29 July.

——— (2009), "Temasek Charter reiterates Temasek's focus on long-term value", News Release, 25 August.

——— (2010), *Temasek Report 2010.*

——— (2010), "Recovering from the Global Economic Recession : Opportunities in the Power Sector Across the Asian Region", Opening Keynote Address by Mr.Wong Kim Yin Managing Director. Investment, at the Power & Electricity World Asia 2010 Conference, 6 April.

——— (2010), "Governance and Sustainable Institution : A Personal Perspective", Remark by S .Dhanabaran, Chairman at the 6th Mizuho Global Seminar 2010, 17 May.

——— (2010), Keynote Address by Ms. Leong Wai Leng Chief Financial Officer, 5th Asian Bond Markets Summit, 16 November.

Thynne, Ian and Mohamed Ariff eds. (1988) Privatization : *Singapore's Experience in Perspective*, Longman.

Toh Mun Heng and Linda Low (1990), *An Economic Framework of Singapore*, McGraw-

Hill, 1990.

Toh Mun Heng and Tan Kong Yam (1998), *Competitiveness of the Singapore Economy : A Strategic Perspective*, Singapore University Press.

Tong, Sarah Y., and Catherine Chong Siew Keng, (2010) *China's Sovereign wealth fund : an update*, National University of Singapore, East Asian Institute.

Truman, Edwin M. (2008), "A Blueprint for Sovereign Wealth Fund Best Practices", *Policy Brief*, Peterson Institute.

Udaibir S Das, Yinqiu Lu, Christian Mulder and Amadou Sy (2009), "Setting up a Sovereign Wealth Fund : Some Policy and Operational Considerations", *IMF Working Paper*, August.

Udaibir S. Das, Adnan Mazarei, and Han van der Hoorn eds. (2010), *Economics of sovereign wealth funds : issues for policymakers*, IMF.

Udaibir S. Das, Yinqiu Lu, Michael G. Papaioannou, and Iva Petrova (2012), "Sovereign Risk and Asset and Liability Management : Conceptual Issues", *IMF Working Paper 12/241*, October.

USA International Business Publications (2008), *Singapore : Company Laws and Regulations Handbook* (World Law Business Library).

U.S. Department of Treasury (2007), "Under Secretary for International Affairs David H. McCormick Testimony before the Senate Committee on Banking, Housing, and Urban Affairs", 14 November.

——— (2008), "Under Secretary for International Affairs David H. McCormick Testimony before the Joint Economic Committee", 13 Februrary.

——— (2008), "Remarks by Treasury Under Secretary for International Affairs David H. McCormick at the Tuck Global Capital Markets Conference", 15 February.

——— (2008), "Remarks by Treasury Assistant Secretary for International Affairs Clay Lowery at Barclays Capital's 12th Annual Global Inflation-Linked Conference", 25 Feburery.

——— (2008), "Treasury Reaches Agreement on Principles for Sovereign Wealth Fund Investment with Singapore and Abu Dhabi", 30 March.

——— (2008) "Assistant Secretary Clay Lowery Remarks on Sovereign Investing at the Third Columbia Investment Conference", 2 October.

Wallace, Peter and Jhon Zinkin (2005), *Mastering Business in Asia : Corporate Governance*, Wiley.

Yamazawa, Ippei and Fu-Chen Lo eds. (1993), *Evolution Of Asia-Pacific Economies*, Asian and Pacific Development Centre.

Yong, C. F. (1992), *Chinese Leadership and Power in Colonial Singapore*, Times Academic Press.

Yuan, Lee T. and Linda Low (1990), *Local Entrepreneurship in Singapore : Private & State*, Times Academy Press.

Yuan, Teen Mak and Phllip H. Pham (1999), *Corporate Governance in Singapore : Current Practice and Future Developments*, Conference on "Corporate Governance in Asia : Comparative Perspective", 3-5 March, OECD, Seoul.

Reed, Stanley. "Sovereign Wealth Funds Top Davos Talk", *Businessweek*, January 24 2008.

【邦文文献】

アジア経済研究所『アジア動向年報』（1988～2010年版）アジア経済研究所。
アンソニー・ローリイ（1987年）『アジアの株式市場―その虚像と実像―』日本経済新聞社。
案浦崇（2001）『シンガポールの経済発展と人的資本論』学文社。
井手正介・飛田広治監修（2006）『企業経営と年金マネジメント』大和総研編，東洋経済新報社。
池尾和人（2010）「金融危機と市場型金融の将来」『フィナンシャル・レビュー』財務省財務総合政策研究所第３号（通巻第101号）
井手正介（1995）「証券投資の本質と投資信託」『フィナンシャル・レビュー』大蔵省財政金融研究所，第36号。
岩崎育夫（2006）「政府系企業テマセク持株社の投資行動の分析―シンガポール国家の経済的性格との関連で―」『国際開発学研究』拓殖大学第５巻２号。
岩谷賢（2007）「米国アクティビスト・ファンドの実態と資本市場における役割」『資本市場クォータリー』野村資本市場研究所，第11巻第２号，秋号。
ウィリアム・Ｆ・シャープ（2008）『ポートフォリオと価格はなぜ決まるのか ―投資家と市場』川口有一郎監訳，日経ＢＰ社。
丑山優・熊谷茂勝・小林康宏編（2005）『金融ヘゲモニーとコーポレート・ガバナンス』税務経理協会。
丑山優・小松章編（2002）『現代企業の財務戦略』ミネルヴァ書房。
大垣尚司（2010）『金融と法―企業ファイナンス入門―』有斐閣。
岡村健司編（2009）『国際金融危機とＩＭＦ』大蔵財務協会。
奥恵（2007）「米国から見たソブリン・ウェルス・ファンド」『トピックスレポート』財団法人国際金融情報センター，11月16日。
奥田英信・三重野文晴・生島靖久（2010）『新版開発金融論』日本評論社。
小関勇編（2009）『東アジア証券市場におけるコーポレート・ガバナンス』税務経理協会。
落合大輔（1998）「シンガポールの証券市場改革」『資本市場クォータリー』野村資本市場研究所，第１巻第４号，春号。
神作裕之（2008）『ファンド法規 ―ファンドをめぐる現状と規制上の諸課題』財団法人資本市場研究会。
神山哲也（2008）「台頭する国富ファンド」『資本市場クォータリー』野村資本市場研究所，第11巻第３号，冬号。
河合一郎（1981）『株式価格形成の理論』有斐閣。
小原篤次（2009）『政府系ファンド―巨大マネーの真実―』日本経済新聞出版社。
河合正弘・ＱＵＩＣＫ総合研究所アジア金融研究会（1996）『アジアの金融・資本市場―自由化と相互依存』日本証券経済研究所。
川北英隆（2003）「機関投資家とコーポレート・ガバナンス」『フィナンシャル・レビュー』財務省財務総合政策研究所。

川東憲司（2010）『ファンドと金融商品取引法』商法実務。
川村雄介（2007）『アジア証券市場と日本 Asiazation の繁栄をめざして』日本証券経済研究所編，金融財政事情研究会。
――― （2010）『アジア証券市場とグローバル金融危機』日本証券経済研究所編，金融財政事情研究会。
木村陸男（1992）『アジア諸国における民活政策の展開』アジア経済研究所。
金堅敏（2008）「中国企業の海外投資戦略と政府系フアンド」『経済レポート』315巻，富士通総研経済研究所，4月。
経済産業省経済産業政策調査課（2008）『国内外で存在感を高めるヘッジファンドの実態調査』報告書，4月。
経済産業省（2008年）「経済成長に向けたファンドの役割と発展に関する研究会報告書」
ファンド事例研究会（第１回）配布資料，資料6-2ファンド全体像。
厚生年金基金連合会編『海外の年金制度 ―日本との比較検証』東洋経済新報社。
忽那憲治（2008）『ＩＰＯ市場の価格形成』中央経済社。
産業金融システムの構築及び整備に係る調査委託事業（2011）「我が国経済の活性化を担うファンドの有効活用に向けた事業環境整備に向けた基礎調査（報告書）」経済産業省 経済産業政策局 産業資金課，3月。
桜井徹（1996）『ドイツの統一と公企業の民営化 ―国鉄改革の独日比較』同文舘。
澤田貴之（2007）「ソブリン・ウェルス・ファンド（ＳＷＦ）と高成長新興国―シンガポールの政府系ファンド Temasek の事例から―」『名城論叢』名城大学　経済・経営学会，第８巻 第２号(28)，9月。
重藤哲郎（2007）「ＳＷＦ―中国・ロシアも加わり市場の関心が高まる国家ファンド―」国際金融情報センター，6月。
――― （2007）「ソブリン・ウェルス・ファンド」『トピックスレポート』財団法人国際金融センター，6月18日。
――― （2007）「ソブリン・インベスター（上）」『トピックスレポート』財団法人国際金融センター，11月10日。
清水聡（2009）『アジアの域内金融協力 ―金融「地産地消」モデルの模索』東洋経済新報社。
末廣昭（2000）『キャッチアップ型工業化論―アジア経済の軌跡と展望―』名古屋大学出版会。
杉江雅彦・金鎮九（1991）『アジアＮＩＥｓの金融・証券市場』晃洋書房。
―――編（2002）『証券・金融市場の新たなる展開』晃洋書房。
鈴木裕（2007）「公的資金のアクティビズム ―オーストラリアの事例」『経営戦略研究』大和総研，11月。
――― （2008）「ソブリン・ウェルス・ファンドはどこに行く」『経営戦略研究』大和総研，第17巻，春季号。
――― （2009）「政府系ファンドが株主になる日」『経営戦略研究』大和総研，第20号，新年号。

鈴木芳徳（1979）『証券経済論』税務経理協会。
社団法人シンガポール協会（1988）『シンガポール共和国会社法』社団法人シンガポール協会。
世界銀行，ＩＢＲＤ編（1997）『アジアの公社債市場』日本証券経済研究所訳，日本証券経済研究所。
関雄太（2012）「機関投資家の実情と運用行動（米国を中心に）」第７回国際的な資金フローに関する研究会資料，財務総合政策研究所，２月９日。
――― （1999）「進展するシンガポールの金融セクター改革」『資本市場クォータリー』野村資本市場研究所，第３巻第２号，秋号。
高安健一（2009）「新興成長国の政府系ファンド（ＳＷＦ）～資源輸出国を中心に～」『政府系ファンド（ＳＷＦ）の役割と政策的インプリケーション』講演録，10月24日。
竹内満（2008）「日本の外貨準備の政策分析」『開発金融研究所報』第36号，３月。
立松博史（2008）「特集グローバルマネーの台頭と経営戦略―グローバルマネーの台頭に変化を求められる企業戦略―」『知的資産創造』11月。
田邊昇（1995）「投資信託制度の本質―国際的に発展しているミューチュアル・ファンドという観点から―」『フィナンシャル・レビュー』大蔵省財政金融研究所，第36号。
――― （2001）「『集団投資スキーム』―改正後の新しい『投信法』と『資産流動化法』を中心にして―」『フィナンシャル・レビュー』財務省財務総合政策研究所，第56号。
谷山智彦・福田隆之・古賀千尋（2008）『政府系ファンド入門』日経ＢＰ社。
玉村博己編（1993）『民営化の国際比較』八千代出版。
――― （1997）『転換期の民営化政策 ―フランスはなぜ成功したか？』晃洋書房。
中央三井信託銀行年金運用研究会（2001）『パッシブ・コア戦略 ―年金運用の新たなる潮流』米沢康博監修，東洋経済新報社。
中央三井アセット信託銀行年金リサーチセンター（2010）『年金運用のリスク管理戦略―新時代のリスクにどう対応するか』東洋経済新報社。
帳明（2011）「世界的な金融危機における中国版ＳＷＦの投資行動の変化」『季刊中国資本市場研究』公益財団法人野村財団，第４巻４号，冬号。
テオ・ティマイヤー，ガイ・クォーデン編（1987）『民営化の世界的潮流』尾上久雄・廣岡治哉・新田俊三訳，御茶の水書房。
東洋信託銀行投資企画部（1998）『上級ポートフォリオ・マネジメント―投資政策・資産配分・スタイル・評価―』金融財政事情研究会。
遠山嘉博（1987）『現代公企業総論』東洋経済新報社。
中川辰洋（2010）「ＳＷＦ（政府系投資ファンド）の国家持株会社化―現状と展望―」『証券レビュー』日本証券経済研究所，第50巻第12号。
中村みゆき（2001）「シンガポールの経済開発における外資と政府の役割―人材開発戦略の考察から―」『西日本工業大学紀要人文社会学編』西日本工業大学，第17巻。
――― （2004）「シンガポール政府持株会社テマセク社の株式売却に関する考察―民営

化政策による公的支配への影響―」『アジア経済』アジア政経学会，第50巻4号。
――― (2010)「政府系ファンド（ＳＷＦｓ）における投資動向分析―ストラテジック・アセット・アロケーションの考察から―」『創価経営論集』第34巻第２・３合併号。
――― (2011)「政府系ファンド（ＳＷＦｓ）における投資戦略―シンガポール・テマセク持株会社の事例を中心に―」『創価経営論集』第35巻１・２・３合併号。
――― (2012)「政府系ファンドＧＩＣにおける投資動向の変容過程 ―金融制度の関連からの考察―」『創価経営論集』第36巻１・２・３合併号。
日本経済調査協議会（2009）「政府系ファンド（ＳＷＦ）の役割と政策的インプリケーション」調査報告，10月。
日本証券経済研究所（2010）『図解アジアの証券市場』（2010年版）日本証券経済研究所。
――― (2009)『集団投資スキーム（ファンド）規制』金融商品取引法研究会，研究記録第28号。
――― (2010)『アジア証券市場とグローバル金融危機』川村雄介監修，金融財政事情研究会。
――― (2010)『図説アジアの証券市場＜2010年版＞』日本証券経済研究所。
日本証券経済研究所ロンドン資本市場研究会（1999）『機関投資家と証券市場』日本証券経済研究所。
年金格付け研究会（2007）『企業年金ガバナンス』森戸英幸編，中央経済社。
野村宗訓（1993）『民営化政策と市場経済―イギリスにおける競争促進と政府介入―』税務経理協会。
畑中美樹（2009）「2009年下半期からの動向が注目されるＧＣＣ諸国の政府系ファンド」『中東協力センターニュース』４月。
馬場克三（1978）『株式会社金融論』森山書店。
平川均（1996）「輸入代替工業化期のシンガポールと日本企業」『アジア経済』10月号。
藤瀬裕司（2008）『ファンドビジネスと金融商品取引法』日本経済新聞社。
――― (2009)『証券化ヴィークルの法務と実務』日本経済新聞社。
本田智津絵（2010）「世界経済危機時の損失を回復―政府系ファンドＧＩＣとテマセク⑴―」『日刊通商弘報』ジェトロ，10月18日。
松井謙一郎（2008）「シンガポールの国際金融センター戦略とＳＷＦ（ソブリン・ウェルス・ファンド）～対外純債権国にもかかわらず所得収益は赤字の問題～」『調査研究レポート』第６号，(財)国際通貨研究所，２月６日。
丸淳子（1997）「機関投資家の役割」『証券経済研究』第６号，日本証券経済研究所。
――― (1997)「国営企業の民営化と株式市場への影響」『武蔵大学論集』第45号第１巻。
――― (1997)「投資信託の経済的機能再考 ―香港・シンガポール・マレーシア・タイの投資信託の比較から」『証券経済研究』第８号，日本証券経済研究所。
――― (1998)「シンガポールの投資信託」『証券経済研究』第14号，日本証券経済研究所。
――― (1998)「ＡＳＥＡＮ４の資本市場の形成と展開」『ＡＳＥＡＮ４の金融と財政の歩み ―経済発展と通貨危機』大蔵省金融経済研究所編。
――― (1999)「マレーシアの証券市場の発展と課題 ―通貨危機と株式市場」『マレー

シアの金融問題』国際通貨研究所。
———（1999）「証券市場の役割と問題点」『特別通商政策事業報告書 ―マレーシア』日本貿易振興会アジア経済研究所。
マッキンゼーアンドカンパニー，ティム・コラー他（2004）『企業価値評価（実践編）』ダイヤモンド社。
三好秀和（2009）『ファンドマネージメントの新しい展開』東京書籍。
向井靖晴（2005）「リスク・バジェティングとオルタナティブ投資の実践」『Global Quantitative Research』野村證券株式会社金融経済研究所金融工学センター，6月14日。
森佑司（2011）「シンガポールのヘッジファンドの動向」『Economic Report』，大和総研，5月10日。
安田信之（1988）「パンエル事件とシンガポール証券業法」『証券研究』第82巻。
山内惟介・雁金利男（2007）『国際金融証券市場と法』中央大学出版部。
吉川浩史（2009）「わが国でも増加するクロスボーダーM＆Aによるグローバル展開」『資本市場クォータリー』野村資本市場クォータリー，第13巻第2号，秋号。

索　　引

（き）

（く）

（け）

（こ）

国際作業グループ（Internationai Woring Group of Sovereign Wealth Funds：ＩＷＧ）……………………………… 26
国際通貨基金（ＩＭＦ）……………… 20
国際通貨金融委員会（ＩＭＦＣ）…… 25
国富ファンド…………………………… 16
国防生産法（エクソン・フロリオ条項, Exon-Florio statute）…… 21, 176, 182
国家開発持株会社（Ministry of National Development Holdings Company：ＭＮＤＨ）…………………………… 76
コックス，クリストファー（Christopher Cox）………………… 24
コモディティー（商品）／非コモディティー（非商品）… 29, 31, 32

（さ）

裁定価格理論（ＡＰＴ）………………165
最適ポートフォリオ……………………150
財務省（Ministry of Finance，ＭＯＦ）……………………………………………106
債務担保証券（Collateralized Debt Obligation：ＣＤＯ）………5, 149, 167
先物取引………………………………… 57
サブプライム（信用度が低い貸出層）住宅ローン…………………………5, 123
サブプライムローン金融危機……………………………………5, 143, 149

（し）

ＣＡＰＭ（資本資産価格モデル，Capital Asset Pricing Model）…………163, 165
ＣＩＣ（China Investment Corporation）……………………………………………… 32
ＣＰＦ株式保有充実スキーム（ＣＰＦ Ownership Top-Up Scheme：ＳＯＴＵＳ）………………………… 87
ＣＰＦ公認ファンドマネージャー（ＣＩＳマネージャー）…………63, 64
ＣＰＦ（Central Provident Fund, 中央積立基金）…………65, 84, 127, 131
ＣＰＦ資産……………………………… 88
ＣＰＦ投資スキーム（ＣＰＦ Investment Scheme）……………………………… 63
Ｇ７（先進７カ国財務相・中央銀行総裁会議）…………… 19, 181
ＧＡＯ報告書…………………………… 23
ＧＩＣアセット・マネージメント（ＧＩＣ Asset Management）社 …141
ＧＩＣスペシャル・インベストメント（ＧＩＣ Special Investment）社 …141
ＧＩＣリアル・エステート（ＧＩＣ Real Estate：ＧＩＣＲＥ）社……………141
ＧＰＩＦ（年金積立金管理運用独立行政法人）………………………188
ジェン，ステファン（Stephen Jen）… 33
自己勘定取引………………………………5
資産アロケーション……………………136
資産運用（Asset Under Management：ＡＵＭ）……………………………… 60
資産運用ビジネス……………………… 49
資産担保証券（Asseted Backed Securities：ＡＢＳ）……………………5
市場インデックス………………………158
システミック・リスク……………………5
私募発行（private placement）……… 83
社会保障準備基金（Social Security Reserve Funds：ＳＳＲＦｓ）…… 36
住宅ローン担保証券（Residential Mortgage-Backed Securities：ＲＭＢＳ）…………………5
集団投資スキーム（Collective Investment Scheme：ＣＩＳ）…… 63
受託者義務……………………………… 41
上院・銀行住宅都市委員会（United States Senate Committee on Banking, Housing, and Urban Affairs）……… 21
証券化………………………………………3

証券化商品……………………………………162
証券業法（Securities Industry Act 1973）……………………………………56
証券取引所のガバナンスに関する委員会（Committee on tha Governance of the Exchange：ＣＧＥ）…………… 58
証券取引法（Securities Exchange Act 1934……………………………………… 24
証券民主化…………………………………… 99
商品先物市場…………………………………3
所有構造………………………………89-91
リプリスキー，ション（Jhon Ripsky）…………………………………………… 27
シンガポール・テクノロジー持株会社（Singapore Technology Holdings：ＳＴＨ）……………………………76, 78
シンガポール開発銀行（Development Bank of Singapore：ＤＢＳ）……………………………………52, 65, 131
シンガポール競争力強化委員会（Committee on Singapore's Competitiveness）…………………… 60
シンガポール銀行（Bank of Singapore）…………………………………………… 51
シンガポール国際金融取引所（Singapore International Monetary Exchange：ＳＩＭＥＸ）………………………… 58
シンガポール証券取引所（Singapore Exchange：ＳＧＸ）………………… 58
シンガポール証券取引所（Stock Exchange of Singapore：ＳＥＳ）… 56
シンガポール証券ブローカー協会…… 55
シンガポール通貨管理庁（Monetary Authority of Singapore：ＭＡＳ）… 52
シンガポール通貨管理庁法（Monetary Authority of Singapore Act）……… 52
シンガポール通貨法（Currency Act）…………………………………………… 52
シンガポール政府投資公社（Government of Investment Corporation：ＧＩＣ）……………………………………127
シンテル社（Singapore Telecom：Sing Tel）……………………63, 84, 107, 179
信認株式（trustee stocks）…………… 86
人民行動党（People Action Party：ＰＡＰ）……………………………… 74
信用リスク…………………………………5

（す）

ストック・オプション・スキーム…… 89
ストラクチャード商品…………………162

（せ）

政策ポートフォリオ……………………135
政府系年金準備基金（Sovereign Pension Reserve Funds：ＳＰＲＦｓ）…… 36
政府系ファンド（Sovereign Wealth Fuunds：ＳＷＦｓ）……………………3
政府出資会社（Government Linked Companies：ＧＬＣｓ）…………76, 77
絶対収益戦略……………………………136
ゼロ・クーポン債……………………… 85
戦略アロケーション……………………120
戦略的アセットアロケーション（Strategic Asset Allocation：ＳＡＡ）………………………………………153-157
戦術的アセットアロケーション（Tactical Asset Allocation：ＴＡＡ）…………153

（そ）

ソブリン運用主体……………………… 15
相互決済システム（Mutual offset Trading System：ＭＯＳ）………… 58

（た）

第１部取引所（メインボード）……56, 83
第２部取引所（ＳＥＳ Dealing and Automated Quotation；ＳＥＳＤＡＱ）

（れ）

（ろ）

（わ）

著者紹介

中村 みゆき

1989年	福岡大学経済学部卒業
1996年	九州大学大学院経済学研究科博士後期課程満期修了
1996-7年	九州大学経済学部助手
1999年	西日本工業大学専任講師
2002年	創価大学経営学部専任講師
2006年	創価大学経営学部准教授
2013年	創価大学経営学部教授

著書

共著『現代企業の財務戦略』（丑山優・小松章編，ミネルヴァ書房，2002年），共著『アジアのコーポレート・ガバナンス』」（佐久間信夫編，学文社，2005年），共著『アジア動向年報』（アジア経済研究所，2007年，2008年）など。

著者との契約により検印省略

平成25年5月3日　初版第1刷発行

政府系ファンドの
投資戦略と投資家動向

著　者　中村みゆき
発行者　大坪嘉春
製版所　株式会社ムサシプロセス
印刷所　税経印刷株式会社
製本所　株式会社三森製本所

発行所　東京都新宿区下落合2丁目5番13号　株式会社 税務経理協会

郵便番号 161-0033　振替 00190-2-187408　電話（03）3953-3301（編集部）
FAX（03）3565-3391　（03）3953-3325（営業部）
URL http://www.zeikei.co.jp/
乱丁・落丁の場合はお取替えいたします。

ISBN978-4-419-05907-1　C3034